D1766959

Atlas routier de   Street Atlas of

Montréal

Table des Matières   *Table of Contents*

Légende . . . . . . .Face interne de la couverture / *Inside Front Cover* . . . .*Legend*

Index des communautés . . . . .2 . . . .*Community Index*

Tableaux de renseignements . . . . .2 . . . .*Information Panels*

Carte de la région de Montréal . . . . . . .2 . . . . .*Montreal Region Road Map*

Carte de repérage . . . . .3 . . . .*Montreal Key Map*

Carte des environs . . . . .4 . . . .*Montreal Environs Map*

Carte du Centre-Ville . . . . .5-6 . . . .*Downtown Enlargements*

Plan de la ville souterraine . . . . .7 . . . .*Underground City Plan*

Le métro et les trains de banlieue . . . . .8 . . . .*Metro and Commuter Rail Plan*

Cartes urbaines . . . . .9-49 . . . .*City Maps*

MapArt.   DIRECTION + DESIGN

Visitez notre site internet: www.mapart.com

ÉQUIPE CARTOGRAPHIQUE
Malcolm Buchan   Brent Carey   Michael Foell   Karen Gillingham
Werner Mantei   Carl Nanders   Dave Scott   Kyu Shim   Samiha Sleiman
Matthew Wadley   Craig White   Marlene Ziobrowski

© MapMedia Corp.   Édition 2006
Publié et distribué par
JDM Géo Inc. & **Les Publications MapArt**
5790 Donahue, Ville St-Laurent, QC H4S 1C1
☎ 514-956-8505   Télécopieur 514-956-9398

Imprimé au Canada  Printed in Canada

Index des localités

L'index ci-dessous vous aidera à localiser des communautés dans cet atlas.
LES CARACTÈRES GRAS indiquent un nom officiel de municipalité. **Les caractères bleus** indiquent un nom de communauté locale.
Les caractères violets indiquent un nom d'arrondissement.

Communities Index

The index below is provided to help you locate a community in the atlas.

BOLD TYPE indicates an official municipal name.
Blue type indicates a local community name.
Purple type indicates a borough name.

BROSSARD 48
CHARLEMAGNE 33
Kahnawake 41, 46
L'ÎLE-PERROT 12
LAVAL 11, 15, 18-24
  Duvernay 21
  Laval-des-Rapides 20
  Laval-Ouest 11
  Laval-sur-le-lac 11
  Pont-Viau 20
  Saint-François 23
  Saint-Vincent-de-Paul 22
  Sainte-Dorothée 15
LONGUEUIL 44-45, 48-49
  Greenfield Park 49
  Saint-Hubert 49
  Vieux-Longueuil 44-45, 49
MONTRÉAL 9-49
  Ahuntsic / Cartierville 19, 28
  Anjou 30-31, 39
  Baie d'Urfé 12-13
  Beaconsfield / Baie d'Urfé 12-13, 16
  Beaurepaire 13, 16
  Bout-de-l'Île 33
  Cartierville 19
  Centre-Ville 5-7
  Côte-des-Neiges / Notre-Dame-de-
    Grâce 36, 37
  Côte-Saint-Luc / Hampstead / Montréal-
    Ouest 35-36, 41-42
  Dollard-des-Ormeaux / Roxboro ....
    ....14-15, 17-18
  Dorval / L'Île-Dorval 18, 25-26, 34-35
  Hampstead 36
  Hochelaga 44
  Île des Soeurs 48
  Kirkland 13-14, 16-17
  Lachine 35, 41
  LaSalle 41-42, 46-47
  L'Île-Bizard / Sainte-Geneviève / Sainte-
    Anne-de-Bellevue 10-14
  Maisonneuve 38
  Mercier / Hochelaga-Maisonneuve ......

  ....38-39, 44
  Mile-End 37
  Mont-Royal 27-28, 36-37
  Montréal-Est 31, 40
  Montréal-Nord 21-22, 29-30
  Montréal-Ouest 35-36
  Notre-Dame-de-Grâce 36, 42
  Outremont 37
  Parc-Extension 28
  Petite-Patrie 38
  Pierrefonds / Senneville 10, 13-15, 18
  Plateau Mont-Royal 37-38
  Pointe-aux-Trembles 31-32
  Pointe-Claire 16-17, 25
  Pointe-Saint-Charles 43-48
  Rivière-des-Prairies / Pointe-aux-
    Trembles / Montréal-Est 22-24
  Rosemont / Petite-Patrie 38
  Roxboro 15
  Saint-Henri 16
  Saint-Laurent 18-19, 26-28
  Saint-Léonard 29-30, 38-39
  Saint-Michel 29
  Saint-Pierre 41
  Sainte-Anne-de-Bellevue 12
  Sainte-Geneviève 14
  Saraguay 18-19
  Sault-au-Récollet 21, 29
  Senneville 9, 12
  Sud-Ouest 42-43, 47-48
  Valois 17
  Verdun 47-49
  Vieux-Montréal 6
  Ville-Marie 43-44
  Ville-Émard 42
  Villeray / Saint-Michel / Parc-Extension
    ....28, 37
  Westmount 42-43
NOTRE-DAME-DE-L'ÎLE-PERROT 12
REPENTIGNY 3
SAINT-LAMBERT 48, 49
TERREBONNE 24, 3
  Lachenaie 2

Tableaux de renseignements

Arénas	**25**	Hôpitaux	**25**
Attraits	**50**	Hôtels de ville	**10**
Centres d'achats	**51**	Places publiques	**9**
Cinémas	**47**	Ponts	**50**
Clubs de golf	**9**	Salles de spectacle	**47**
Collèges, Cégeps	**34**	Transport en commun	**50**
Grand parcs	**9**	Transports	**50**
Hébergement	**34**	Universités	**34**

Points of Interest Panels

Accommodation	**34**	Hospitals	**2**
Arenas	**25**	Major Parks	
Attractions	**50**	Performing Arts	**4**
Bridges	**50**	Public Squares	
Colleges, Cegeps	**34**	Public Transit	**5**
Cinemas	**47**	Shopping Centres	**5**
City Halls	**10**	Transportation	**5**
Golf Clubs	**9**	Universities	**3**

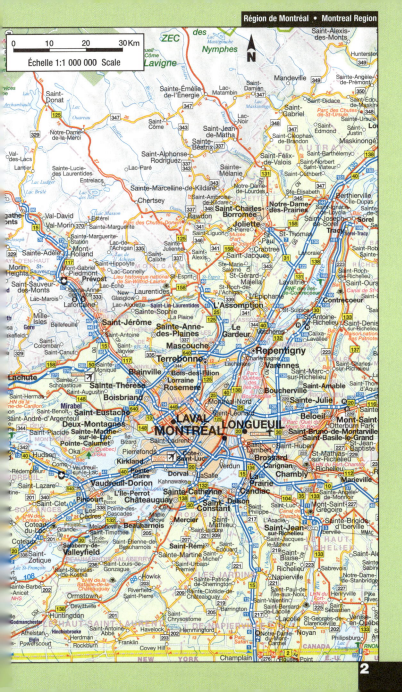

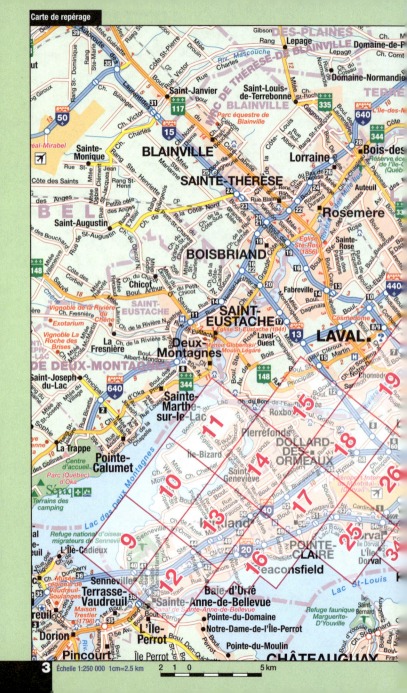

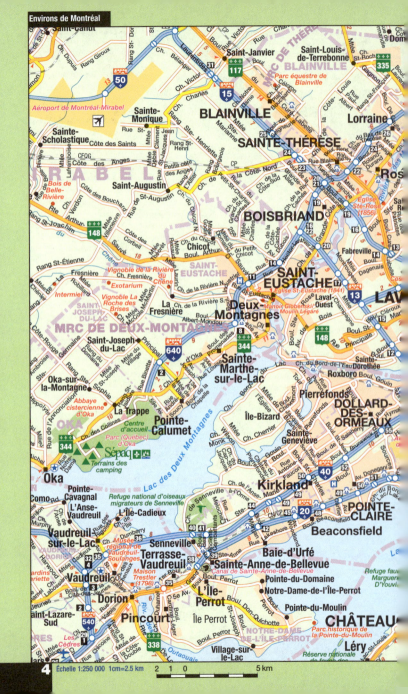

Échelle 1:250 000   1cm=2.5 km   2   1   0   5km

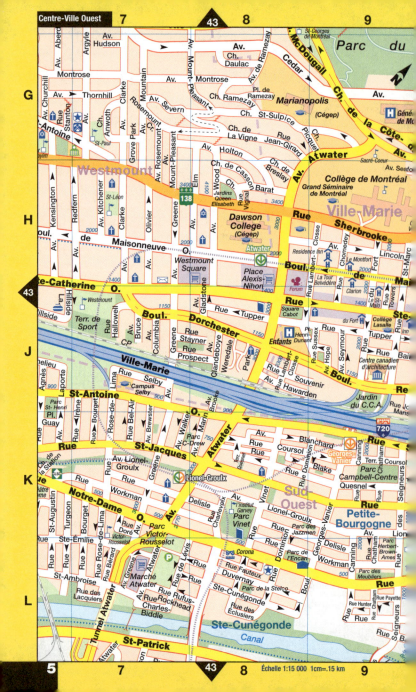

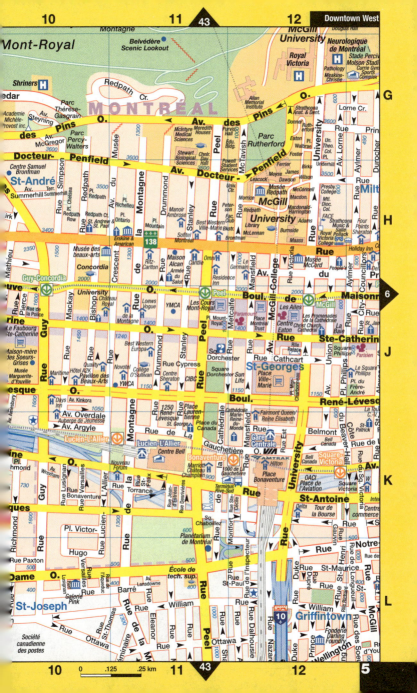

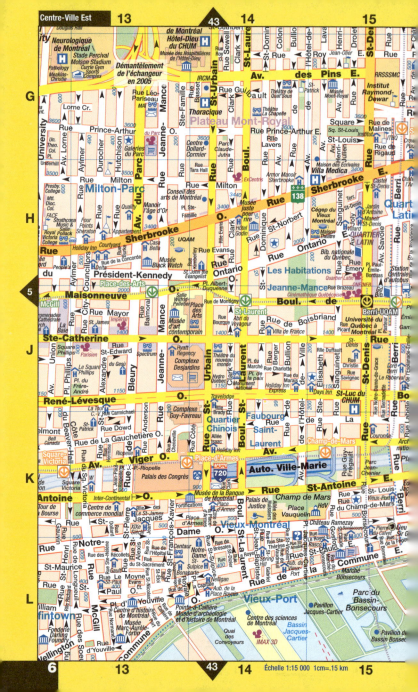

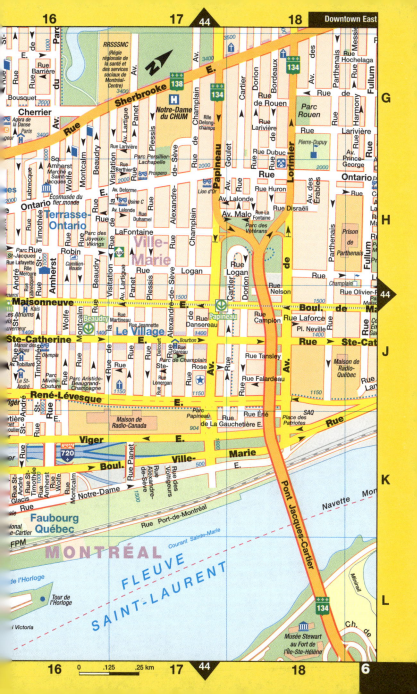

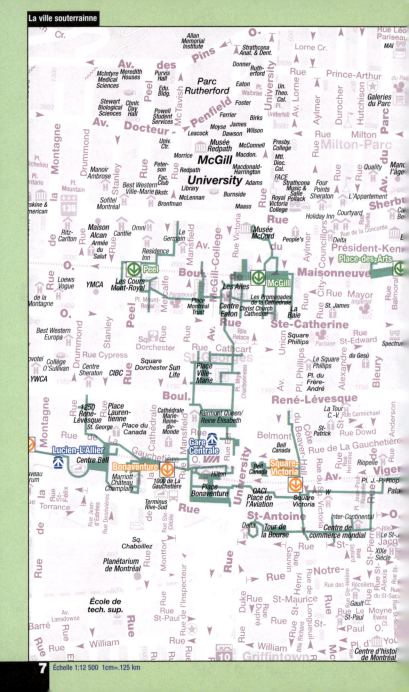

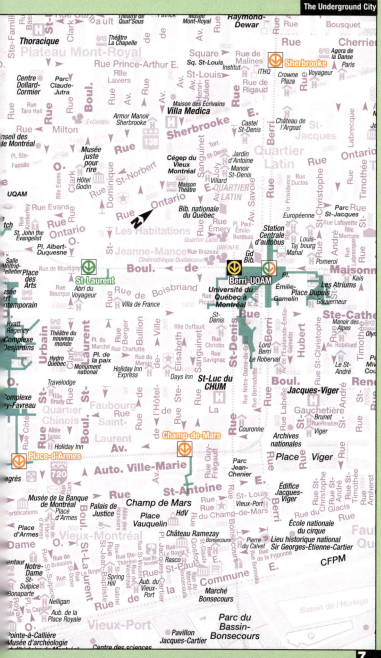

Le métro et les trains de banlieue
Métro and Commuter Rail

Station de la ligne verte	Green line station
Station de la ligne orange	Orange line station
Station de la ligne jaune	Yellow line station
Station de la ligne bleue	Blue line station
Gare de train de banlieue	Commuter rail station
Stationnement incitatif	Commuter Parking

N

Green line:
Honoré-Beaugrand
Radisson
Langelier
Cadillac
Assomption
Viau
Pie-IX
Joliette
Préfontaine
Frontenac

Longueuil

Blue line:
Saint-Michel
Iberville
Fabre
Jean-Talon
de Castelnau
Parc
Acadie

Orange line:
Mont-Royal
Laurier
Rosemont
Beaubien
Jean-Talon
Jarry
Crémazie
Sauvé
Henri-Bourassa

Chabanel
Bois-de-Boulogne

ligne nouvelle
Mascouche
Terrebonne/Lachenaie
Saint-Vincent-de-Paul

Montmorency
de la Concorde
(ouv. juillet 2007)

Cartier (ouv. juillet 2007)

Saint-Jérôme (ouv. aut.
Saint-Janvier   2006)
Blainville
Sainte-Thérèse
Rosemère
Sainte-Rose
Saint-Martin

Du Ruisseau
Deux-Montagnes
Grand-Moulin
Sainte-Dorothée
Île-Bigras
Roxboro-Pierrefonds
Sunnybrooke
Bois-Franc
Montpellier

8

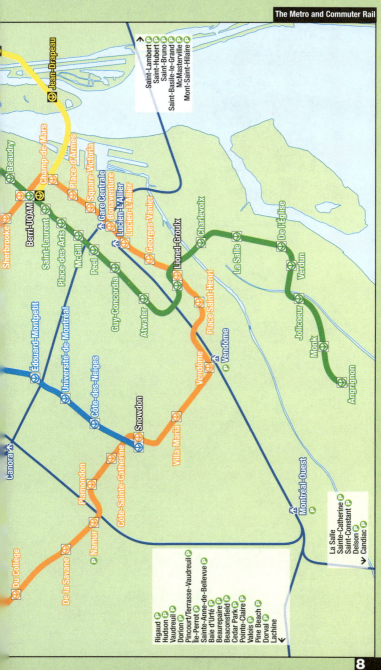

Saint-Lambert
Saint-Hubert
Saint-Bruno
Saint-Basile-le-Grand
McMasterville
Mont-Saint-Hilaire

Jean-Drapeau

Beaudry
Champ-de-Mars
Place-d'Armes
Square-Victoria
Gare Centrale
Bonaventure
Lucien-L'Allier
Lucien-L'Allier
Georges-Vanier
Lionel-Groulx
Charlevoix
De l'Église
Sherbrooke
Berri-UQAM
Saint-Laurent
Place-des-Arts
McGill
Peel
Guy-Concordia
Atwater
Place-Saint-Henri
La Salle
Verdun
Édouard-Montpetit
Université-de-Montréal
Vendôme
Vendôme
Jolicoeur
Monk
Côte-des-Neiges
Snowdon
Villa-Maria
Angrignon
Canora
Plamondon
Côte-Sainte-Catherine
Namur
Du Collège
De la Savane
Montréal-Ouest

La Salle
Sainte-Catherine
Saint-Constant
Delson
Candiac

Rigaud
Hudson
Vaudreuil
Dorion
Pincourt/Terrasse-Vaudreuil
Île-Perrot
Sainte-Anne-de-Bellevue
Baie d'Urfé
Beaurepaire
Beaconsfield
Cedar Park
Pointe-Claire
Valois
Pine Beach
Dorval
Lachine

Y

Z

VAUDREUIL-
DORION

Tourtes

vers Vaudreuil-Dorion

ux

M.R.C. DE VAUDREUIL-SOULANGES

VILLE DE MONTRÉAL

LAC DES DEUX

MONTAGNES

40

Pont de l'île aux Tourtes

A

Pointe Abbot

Île
Girwood

BAIE DE

MONTRÉAL

40

B

VAUDREUIL

L'ÎLE-

PERROT

Senneville

Senneville Lodge

55

Pointe
aux Moutons

Av. Sunset

Senneville

40

Île
Cousineau

Grands parcs et places publiques
Major Parks & Public Squares

Angrignon **47** X49	Maisonneuve **38** Q-R62
Arboretum Morgan . . . **9** B30-31	Mont-Royal **43** T55-56
Bois-de-la-Réparation . . **32** M74	Olympique **38** S62
Bois-de-Liesse **18** H45	Place d'Armes **6** L13-14
Bois-de-Saraguay . . . **19** J48-49	Place du Canada **5** K11
Boisé-de-l'Île-Bizard **11** A41	Place Jacques-Cartier . . **6** L14-15
Cap-Saint-Jacques . . **10** A34-35	Place Royale **6** L13-14
Jardin botanique **38** R61	Place Vauquelin **6** K14-15
Jardin des floralies. **49** X58	René-Lévesque **41** S-T44
Jarry **29** O56 **37** P56	Rivière-des-Prairies **32** L75
Jean-Drapeau . . **44** W58 **49** X58	Square Dorchester **5** J11-12
Lafontaine **44** T58	Square Saint-Louis **6** G15
L'Île-de-la-Visitation **21** K58	Square Victoria **5** K12 **6** K13

Clubs de golf
Golf Clubs

Beaconsfield **16** J37	
Braeside **9** C29	
Country Club of Montréal **11** A58	
Dorval **18** K43	
Elmridge **10** Z37 A37	
Golf Gardens . . . **26** O47 **27** O48	
Kahnawake **41** W42-43	
Meadowbrook **35** S47	
Royal Montréal **11** A39	
Saint-Lambert **49** Y60	
Saint-Raphaël **11** Z40	
Village, Le **38** R62 **39** R63	
Westwood **25** M42	

Y

Hôtels de ville et bureaux d'arrondissement
City Hall & Borough Offices

LAC DES DEUX

Z

MONTAGNES

Île de la
Pointe Louise

Pointe Louise

Île de la
Pointe Madeleine

Cap à l'Orme

Pointe Madeleine

Pointe
Monk

9

Boyer

MONTRÉAL

A

Parc-nature du
Cap-St-Jacques

Anse-à-l'Orme

Parc-nature du
Cap-St-Jacques

Boul.

Rue Rose-Marie

Gouin

O.

L'Île-Bizard-
Sainte-
Geneviève-
Sainte-Anne-
de-Bellevue

Rue Angers

Rue Lauzon

Ch.

Cimetière
Sainte-
Geneviève

B

Pierrefonds/
Senneville

Collège
Charlemagne

de l'Anse-à-l'Orme

Rivière

Parc-

nature de

Pierrefonds/
Senneville

l'Anse-

Rue Sylvain

à-l'Orme

Cap-Saint-Jacqu

Av. Wilson

Ch.

Pl. du Moulin

Bord-du-La

Ch.

Monk

Wilson

Ch.

Monk

Montée

Parc-nature du
Cap-St-Jacques

Rue Marc
Rue Jacques
Rue Michel
Rue Harris
Rue Daniel
Rue   Fernand
Rue   Roger
Rue Lucien

Golf

Elmridge

Rapides de Cap-Saint-Jacques

Cap-St-Jacques

Rue Charlebois

Cap-St-Jacques

Pl. Grilli

Wilson

Montée

1000

Ch.

L'Île-Bizard/Sainte-Geneviève/
Sainte-Anne-de-Bellevue

Cherrier

Parc-nature du

Cap-St-Jacques

Joly

Rue Richard

Gilles

Rue

RIVIÈRE

Rue De
Morange

oul

Pointe
Théoret

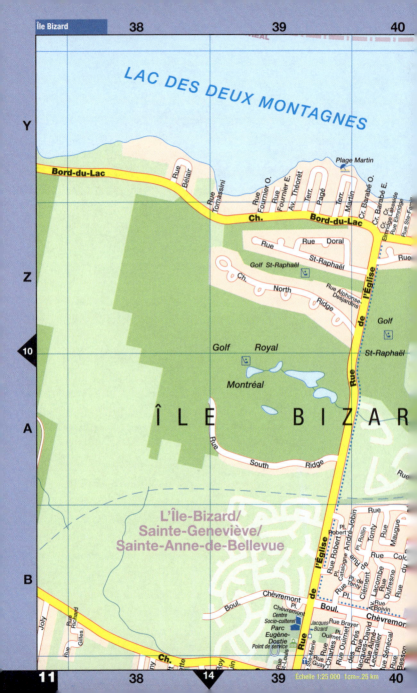

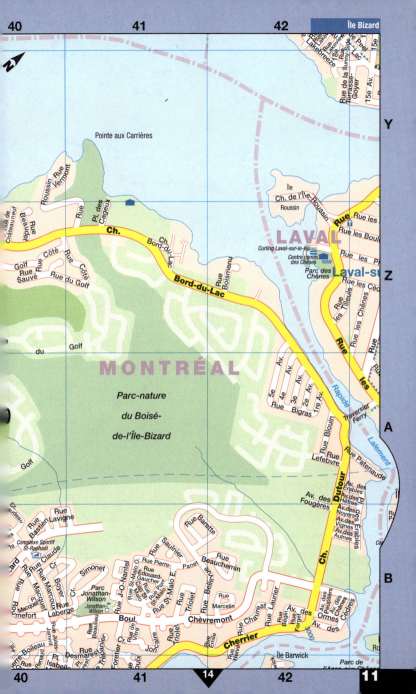

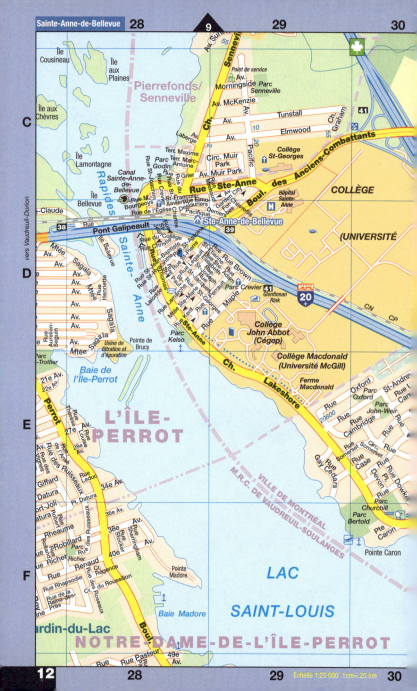

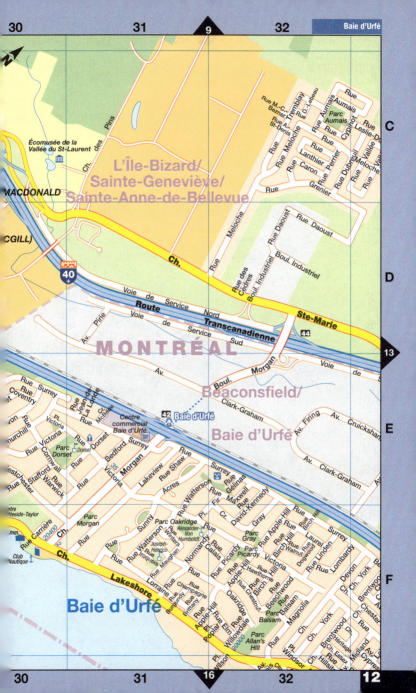

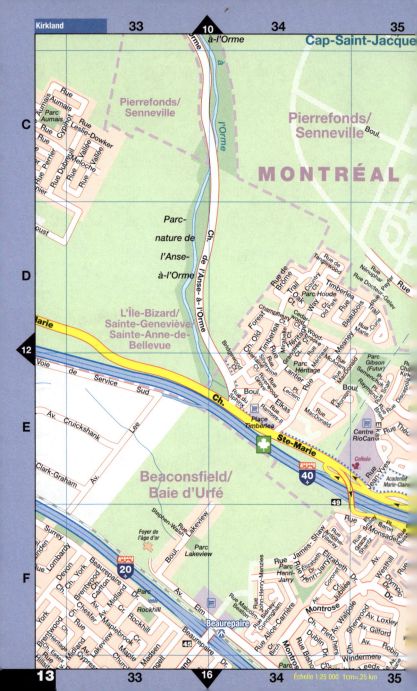

C

Rue Aumais
Parc Aumais
Rue Cyprihot
Rue Leslie-Dowker

Rue Perrier
Rue Dubreuil
Rue Meloche
Rue Vallée

Pierrefonds/ Senneville

Pierrefonds/ Senneville Boul.

M O N T R É A L

Parc- nature de l'Anse- à-l'Orme

D

Rue de Tanglewood
Rue de Nénuphar
Rue Docteur-Gelev Rue

L'Île-Bizard/ Sainte-Geneviève Sainte-Anne-de- Bellevue

Rue de Brôme
Country Trail
Parc Houde
Timberlea
Old Park
Beaubois
Rue Cune Marie

Marie

12

Voie de Service Sud

E

Av. Cruickshank

Clark-Graham

Av. Lee

Beaconsfield/ Baie d'Urfé

Parc Héritage
Parc Lantier

Boul. Ste-Marie

Boul.

Centre RioCan

Colisée

Académie Marie-Claire

40

49

F

Surrey
Linden
Rue Lombardy

Deyon
Ch. York
Brentwood
Cr.
Carlton
Beaurepaire

Stephen-Walsh
Rue Lakeview

Foyer de l'âge d'or

Parc Lakeview

Boul.

Parc Rockhill

Rue Antoine Villeray
James-Shaw
Rue Henri-Jarry
Elizabeth Dr.
Parc Elizabeth

Rue Henri-Jarry

Montrose

Westhill
Olympic
Dr.

Av. Loxley
Av. Gilford
Av. Robin

20

Chester
Rue
Av. Maplebrook

Rue Malcolm-Menzies
Rue Beaton

Coronet
Dr.
Jubilee
Cr.

Brentwood
Rue Heritage
Rue Essex
Av. Cypress

Midland
Av. Lakeview
Cr. Rockhill
Cr.
Maple
Madsen
Elm
Beaurepaire

Rue Alice-Carrière
Rue Bishop
Montross

Dublin
Ch. Birch
Ch. Fletchers

Windermere
Leeds

Beaurepaire

45

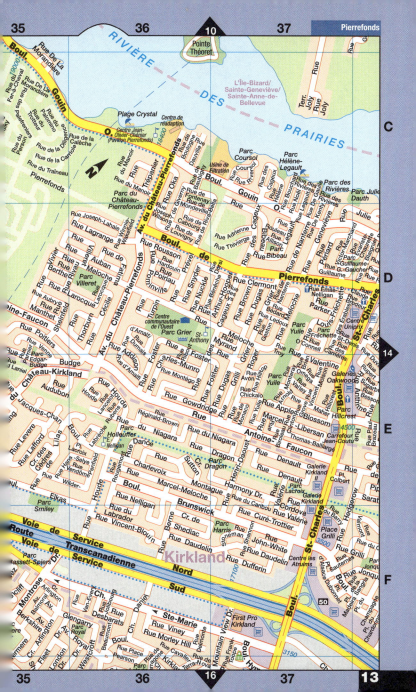

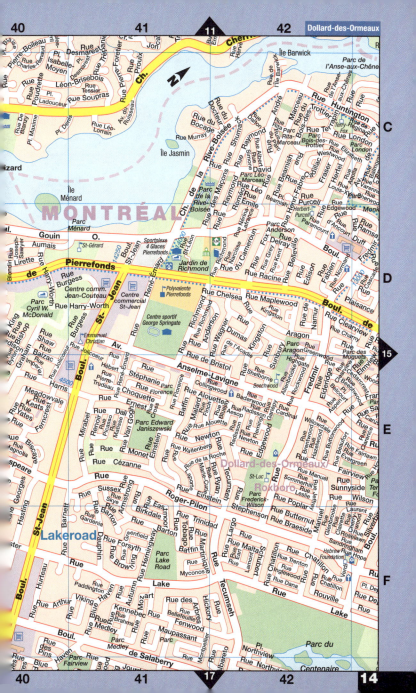

Île Barwick

Parc de l'Anse-aux-Chênes

Chemin

Île Jasmin

Île Ménard

MONTRÉAL

Parc Ménard

Rue Gouin O.

Sportplexe 4 Glaces Pierrefonds

Jardin de Richmond

Pierrefonds

Centre comm. Jean-Couteau

Centre commercial St-Jean

Centre sportif George Springate

Anselme-Lavigne

Parc Edward Janiszewski

Parc Aragon Greenwood

Dollard-des-Ormeaux

Roxboro

Roger-Pilon

Lakeroad

Parc Lake Road

Lake

Parc du Centenaire

Pl. Northview

de Salaberry

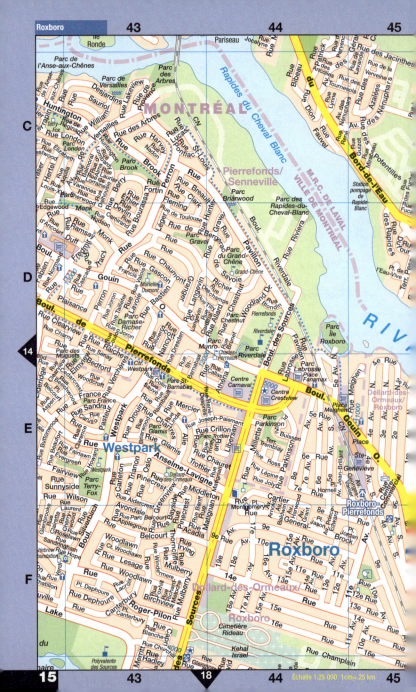

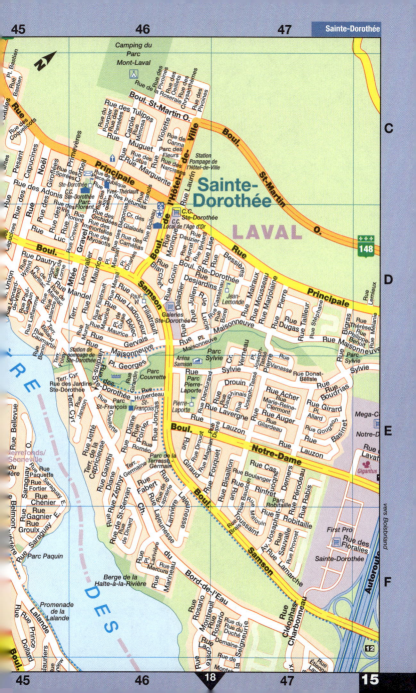

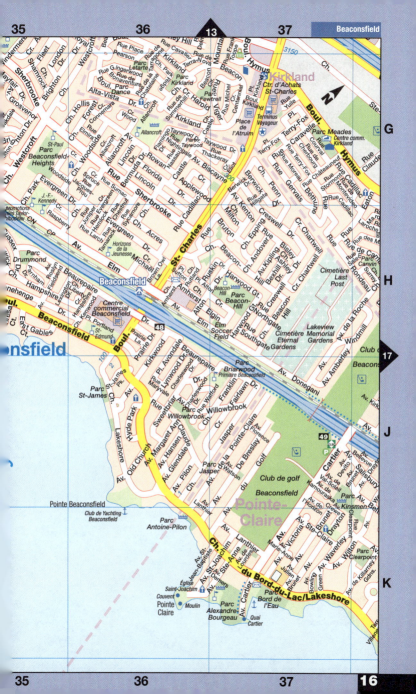

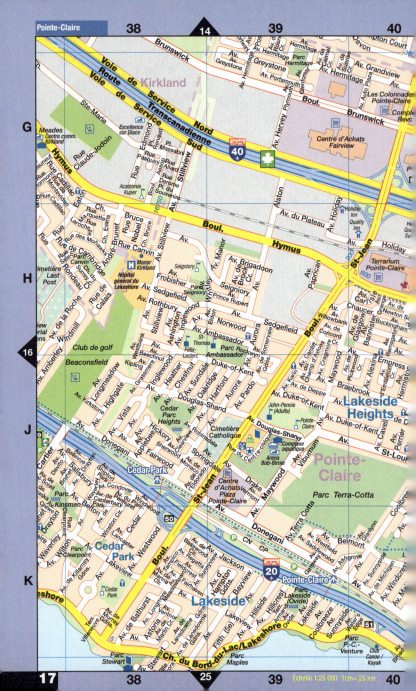

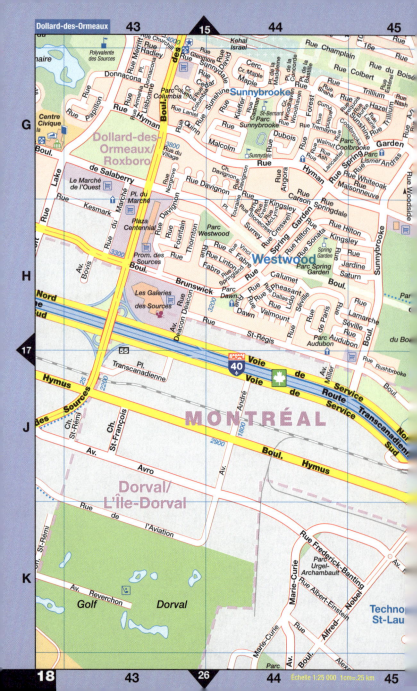

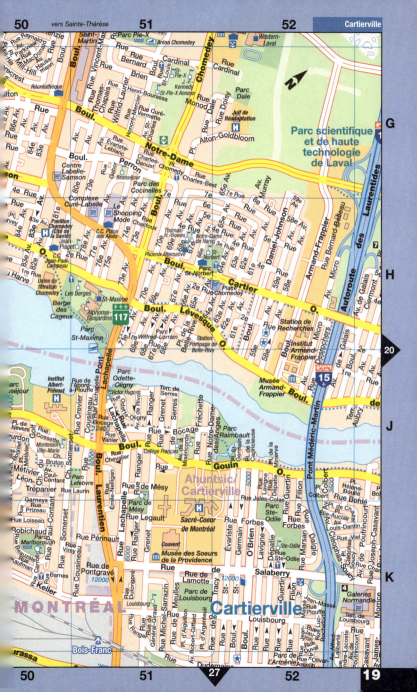

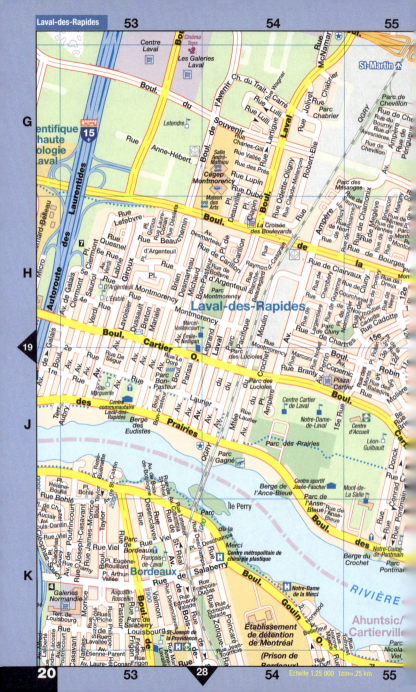

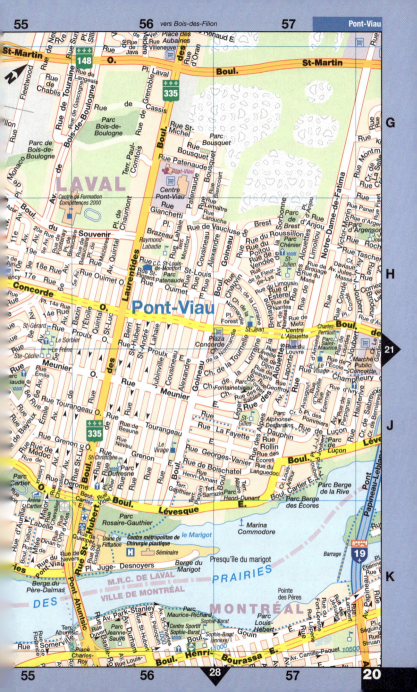

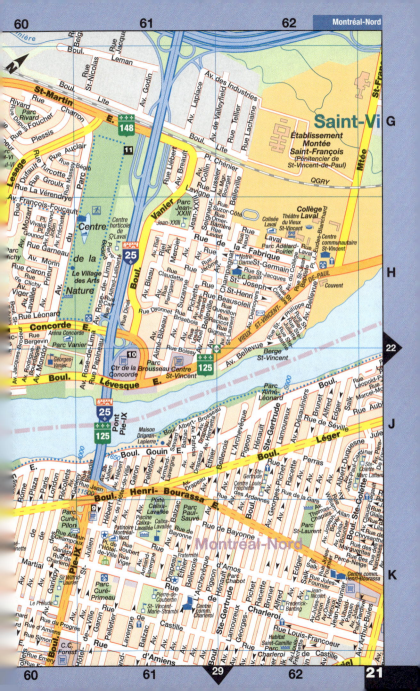

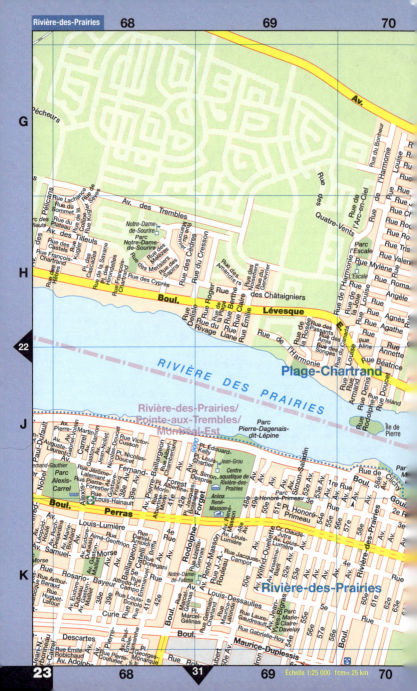

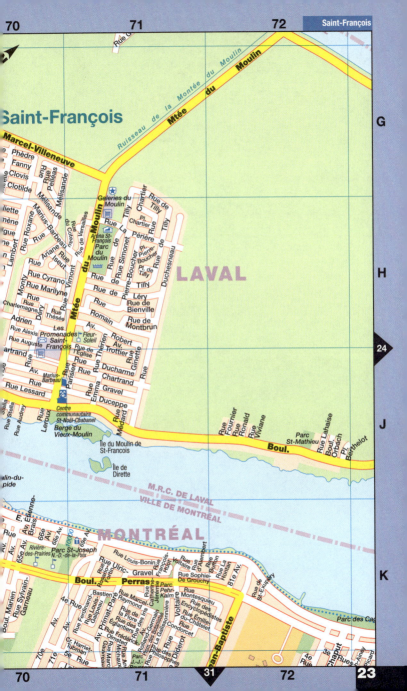

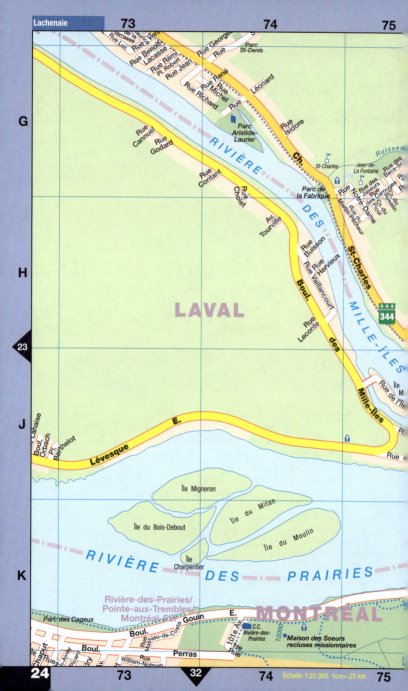

Ch. des Quarante-Arpents

640

G

TERREBONNE

Lachenaie

H

St-Charles

Boul. Guillaume-Beaudoin

Cr. Agathe-De St-Père

Rue Marie-De St-Père

Pierre-Anne

Boul. Pierre-Favery

Cr. Marie-Favery

Rue des Pivoines

Rue des Œillets

Rue du Muguet

Rue des Violettes

Rue des Orchidées

Rue des Roses

Rue des Pensées

Rue des Grands-Prés

Av. des Grands-Prés

Rue Durocher

Rue Farard

Rue Clémen

Parc Fafard

Cr. des Champs

Parc Ludovic-Ricard

Rue de la Dillon

Parc Beausoleil

Rue Léonard-Ethier

Rue François-Goupil

Rue Charles-Bazile

Cr. Jacques-Leber

Rue Marie-

des Fleurs

Parc Arc-en-Ciel

Arc-en-Ciel

Rue de Tilly

Rue de Léry

Rue Françoi

Fontenay

Rue des

Rue Kennedy

Parc Kennedy

Rue Moreau

Rue du Relais

Rue du Havre

Ch. St-Charles

Boul.

Rue du Carrefour

Pierre-Laporte Av.

Mtée

94

J

Berge Olivier-Charbonneau

Gariépy

Rue Major

Rue Bielr

Rue Prime

Rue Soniette-Roland-Lavertu

Rue Caron

Rue Mathieu

Cr. Jean-Guyvar

St-Charles

33

M.R.C. DE LAVAL

M.R.C. DES MOULINS

VILLE DE MONTRÉAL

40

K

12630

Collège St-Vianney

Maison Armand

Pont Charles-De Gaulle

M.R.C. DES M

VILLE DE M

Parc-nature

Centre Comm. St-Jean-Vianney

Boul.

92

L

Parc Stewart

Centre culturel et communautaire Stewart-Hall

Pointe-Claire
Pointe Charlebois

P.-C.- Venture   Club Canoe / Kayak

Baie   *de*   *Valois*

LAC   *SAINT-LOUIS*

Arénas / Arenas

Ahuntsic **28** L56	Henri-Bourassa **22** J63	Raymond-Bourque **27** M50
Bill-Durnan **36** Q51	Howie-Morenz **28** O55	Raymond-Préfontaine **44** T60
Camillien-Houde	Jacques-Cartier **49** X-Y61	René-Masson **23** K69
6 H16 **44** U58	Jacques-Lamaire **46** X46	Rodrigue-Gilbert **32** O73
Cartier **20** J55	Lachine **35** S45	Saint-Charles **43** W54
Chaumont **30** O67	Marcelin-Wilson **28** L53	Saint-Donat **39** R65
Claude-Robillard **28** N57	Maurice-Richard **38** S62	Saint-François **23** H71
Clément-Jetté **39** R67	Michel-Normandin **28** N57	Saint-Léonard **29** N62
Colisée Laval **21** H62	Mont-Royal **37** P53-54	Saint-Louis **37** R57
Concorde **21** H60	Mont-Saint-Antoine **39** P66	Saint-Michel **29** O60
Côte-Saint-Luc **36** Q48	Montréal-Nord **21** K61	Saint-Pierre **41** T47
Dollard-des-Ormeaux **18** G43	Notre-Dame-de-Grâce **36** S50	Samson **15** E46
Dorval **25** N41	Outremont **37** Q55	Sylvio-Mantha **42** V51-52
Étienne-Desmarteau **38** Q61	Père-Marquette **38** Q58	Villeray **28** O57
Fleury **29** L60	Pierrefonds **14** D41	Westmount **43** U53
Guy-Gagnon **47** Y52	Pointe-Claire **17** J39	YMCA Hochelaga-Maisonneuve
Hébert **29** O61	Ralph-Buchanan **40** Q71	**38** S62

Hôpitaux / Hospitals

Anciens combattants, Hôpital des **37** S53	Maisonneuve-Rosemont, Hôpital **39** Q63
Bayview, Centre **25** L40	Marie-Clarac, Hôpital **21** J60
Bussey, Centre hospitalier **35** S44	Mont-Sinaï, Centre hospitalier **36** R49
Cardiologie de Montréal, Institut de **38** P62	Neurologique de Montréal, Hôpital **6** G12-13
Catherine Booth, Hôpital **42** T49	Notre-Dame du CHUM, Hôpital **6** G17
Champlain de Verdun, Hôpital **47** Y49	Notre-Dame de la Merci, Hôpital **20** K54
Charles-LeMoyne, Hôpital **49** A60	Pasteur, Hôpital **38** S60
Douglas, Hôpital **47** Y50	Philippe-Pinel de Montréal, Institut **31** M71
Enfants, Hôpital de Montréal pour **5** J8	Réadaptation de Montréal, Institut de **37** Q53
Fleury, Centre hospitalier **29** L58	Richardson, Centre hospitalier **36** S49
Général de Montréal, Hôpital **5** G9	Rivière-des-Prairies, Hôpital **22** K65
Général du Lakeshore, Hôpital **17** H38	Royal Victoria, Hôpital **5** G12
Général Juif - Sir Mortimer B. Davis, Hôp. **37** R53	Sacré-Coeur de Montréal, Hôpital du **19** K51
Grace-Dart, Ctr. de soins prolongés **45** T63	Saint-Joseph, Hôpital **39** Q63
Hôtel-Dieu de CHUM **6** G13-14	Saint-Joseph de la Providence, Hôpital **20** K53
Institut universitaire de gériatrie de Montréal	Saint-Lambert, Hôpital **49** Z59
36 S52	Saint-Luc du CHUM, Hôpital **6** J15
J.-Henri-Charbonneau, Pavillon **38** S60	Saint-Mary, Centre hospitalier de **37** S53
Jacques-Viger, Centre hospitalier **6** J16	Saint-Michel, Centre hospitalier **29** O59
Jean-Talon, Hôpital **38** P58	Sainte-Anne, Hôpital **12** C-D29
Juif de Réadaption, Hôpital **19** G52	Sainte-Justine, Hôpital **37** R53
Kateri Memorial, Hôpital **41** U43	Santa-Cabrini, Hôpital **39** P63
Lachine, Centre hospitalier de **35** S45	Shriners, Hôpital pour enfants **5** G10
LaSalle, Centre hospitalier de **46** X46	Thoracique de Montréal, Institut **6** G14
Louis-H.-Lafontaine, Hôpital **39** R65-66	Verdun, Centre hospitalier de **48** X53
Maimonides, Ctr. hosp. Gériatrique **36** R48	Villa Medica **6** H15

M

N

O

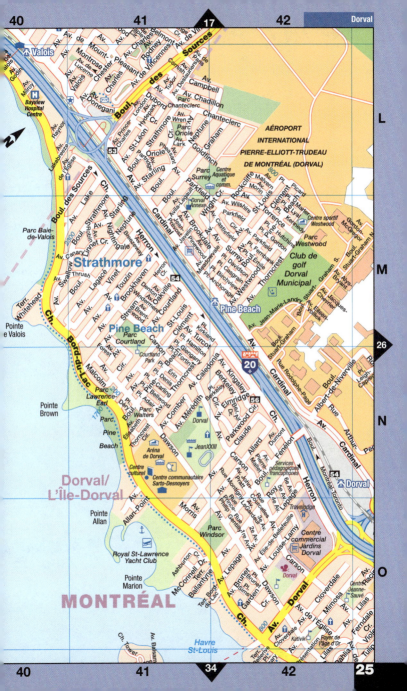

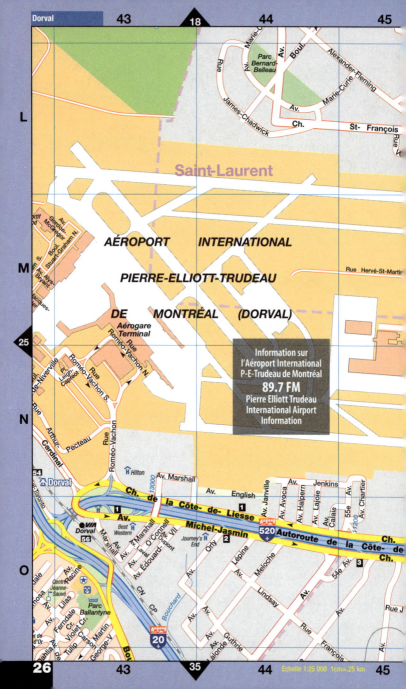

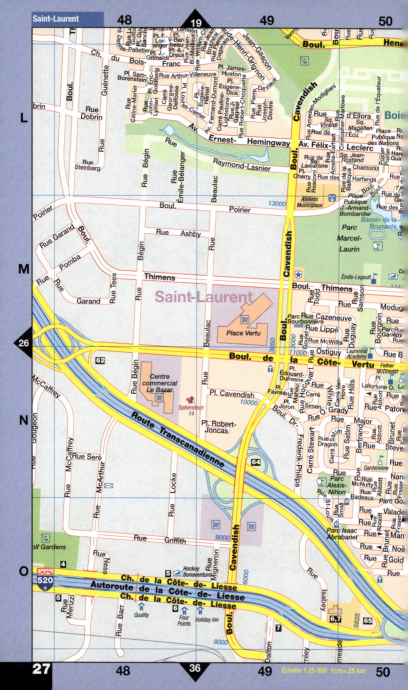

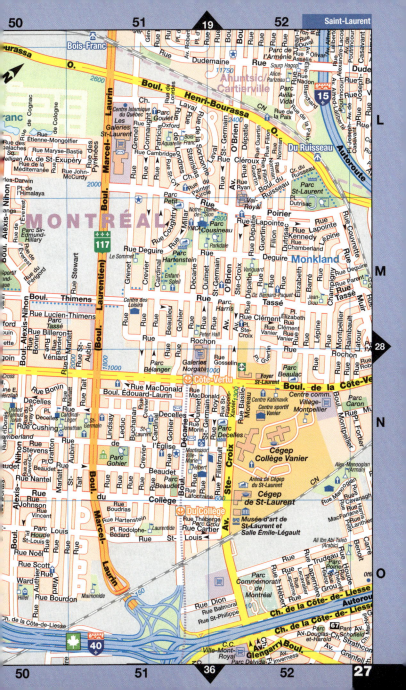

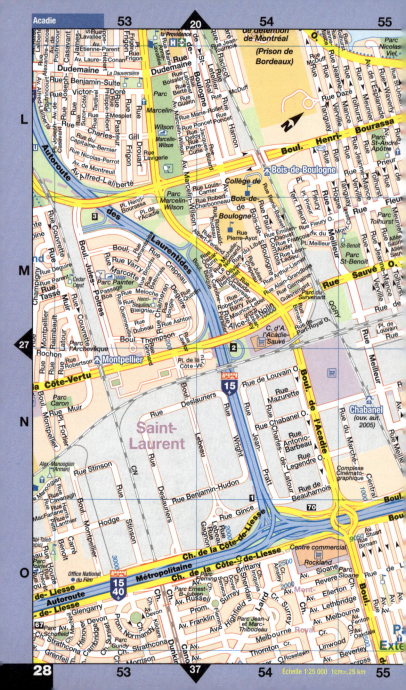

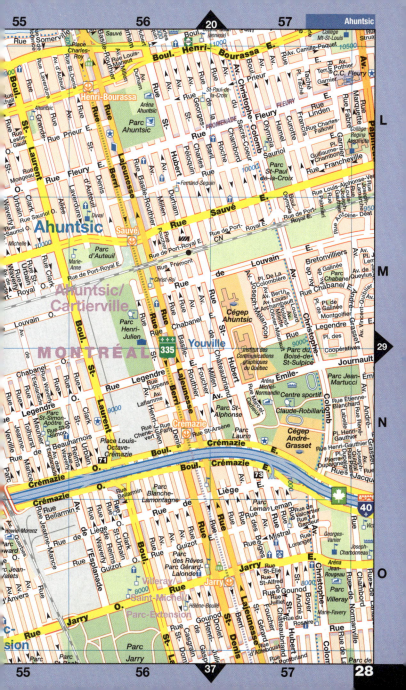

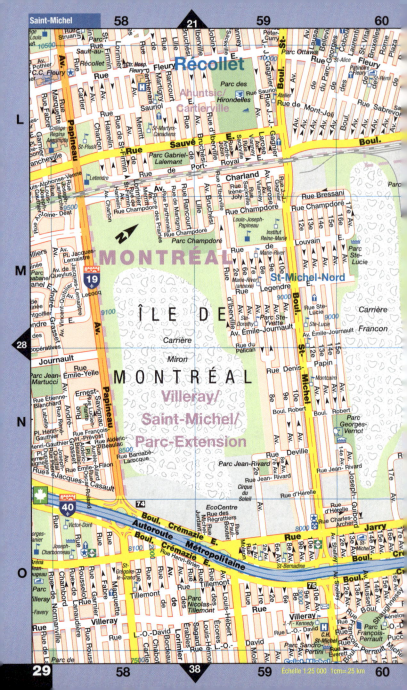

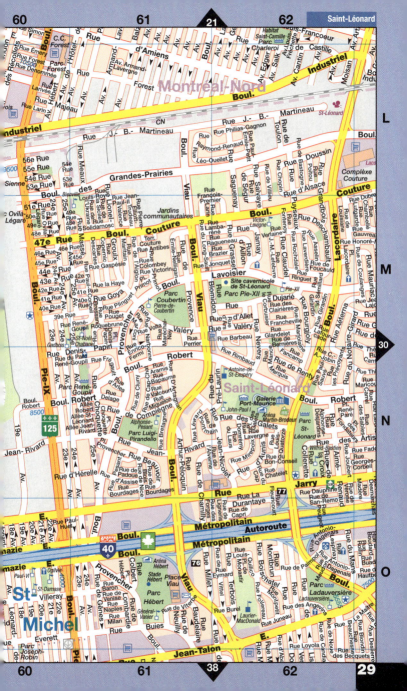

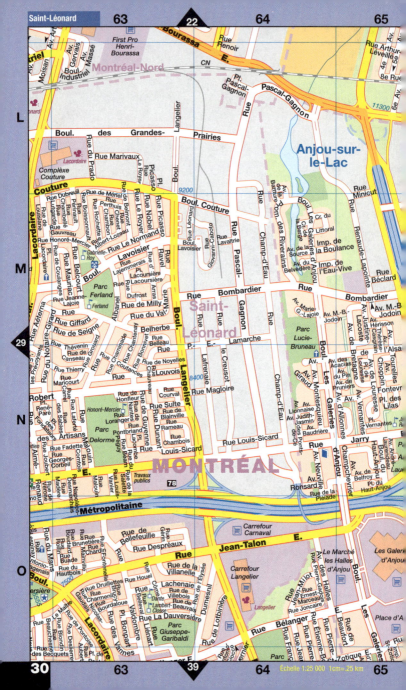

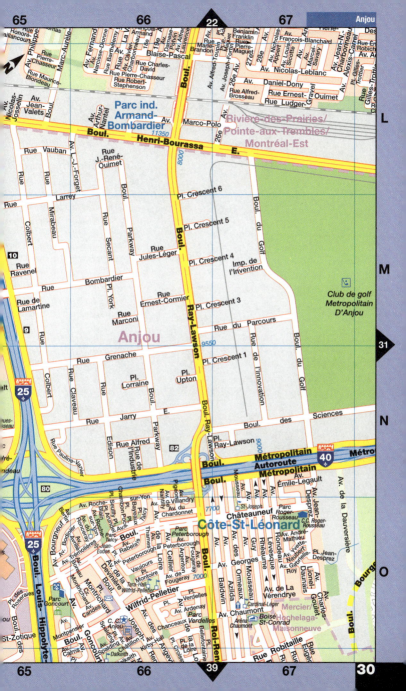

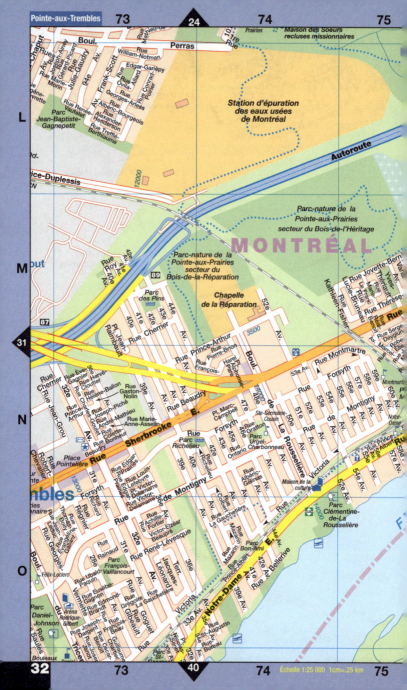

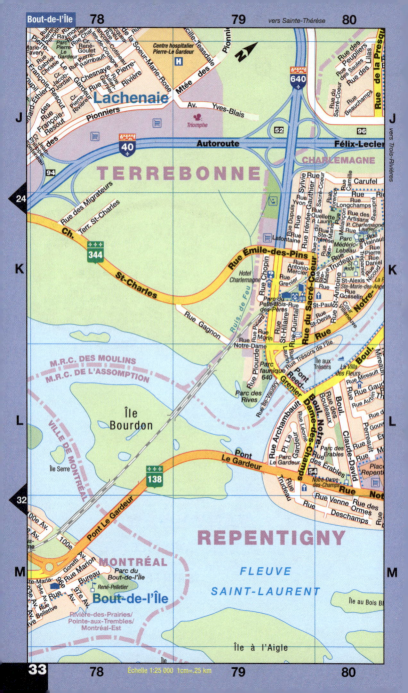

Collèges et Universités / Colleges & Universities

Cégep Ahuntsic **28 M57**
Cégep André-Grasset **28 N57**
Cégep André-Laurendeau . .**47 X48**
Cégep Champlain **44 W60**
Cégep de Bois-de-Boulogne . .
. . . .**28 L-M54**
Cégep de Saint-Laurent **27 N52**
Cégep de Vieux-Montréal . . .**6 H15**

Cégep Édouard-Montpetit . .**49 X63**
Cégep John-Abbot **12 D29**
Cégep Maisonneuve **38 S61**
Cégep Montmorency **20 G54**
Cégep Vanier **27 N52**
Collège Gerald-Godin **14 C39**
Collège Laval **21 H62**
Collège Sainte-Anne **41 T44-45**

Grand Séminaire de Montréal**5 H8-9**
Université Concordia **5 H-J10**
   Campus Loyola **47 T48-49**
Université de Montréal **37 S54**
Université du Québec à Montréal
. . . .**6 J15**
Université McGill **5 H12**
   Collège Macdonald **12 E29**

Hébergement / Accommodation

Appartement, L' **6 H13**
Armor Manoir Sherbrooke . .**6 H14**
Best Western Europa **5 J11**
Best Western Int'l **26 043**
Best Western Ville-Marie . . .**5 H11**
Bonaparte **6 L13**
Bonsecours **6 K15**
Bourbon **6 J17**
Cantlie **5 H11**
Casa Bella **6 H13**
Castel St-Denis **6 H15**
Centre Sheraton Montréal . . .**5 J11**
Château de l'Argoat **6 H15**
Château Royal **5 J10**
Château Versailles **5 H9-10**
Clarion **5 H-J9**
Comfort Inn & Suites **5 H8-9**
Comfort Inn Pte-Claire **17 H40**
Couronne **6 K15**
Courtyard Marriott **6 H13**
Crowne Plaza **6 G15**
Dauphin, Le **44 W61**
Days Inn Downtown **6 J15**
Days Inn Midtown **5 J10**
Delta Centre-Ville **5 K12**
Delta Montréal **6 H13**
Européenne **6 H15**
Fairmont Reine Élisabeth, Le**5 J-K12**
Fort, du **5 J9**
Four Points Aéroport **27 048**
Four Points Sheraton **6 H13**
Gault **6 L13**

Germain, Le **5 H12**
Gouverneurs **6 J16**
Hilton Aéroport **26 N43**
Hilton Bonaventure **5 K12**
Holiday Inn Aéroport **27 049**
Holiday Inn Longueuil **45 V64**
Holiday Inn Midtown **6 H13**
Holiday Inn Pointe-Claire . .**17 G-H39**
Holiday Inn Select Ctr-Ville . .**6 K14**
Hyatt Regency **6 J13-14**
Institut **6 G15**
Inter-Continental **6 K13**
Jardin d'Antoine **6 H15**
Journey's End **26 044**
Kais **6 J16**
Loews Vogue **5 J11**
Lord Berri **6 J15**
Louisbourg **6 H15-16**
Maison Brunet **6 K16**
Manoir Ambrose **5 H11**
Manoir des Alpes **6 J16**
Manoir St-Denis **6 H15**
Maritime Plaza **5 J10**
Marriott Château Champlain . .**5 K11**
Montagne, de la **5 J11**
Montfort, Le **5 H9**
Montréal-Crescent **5 J11**
Nelligan **6 L14**
Nouvel Hôtel, Le **5 J10**
Novotel **5 J11**
Omni **5 H11**
Oscar **49 Y60**

Paris **6 G16**
Pierre-du-Calvet **6 K15**
Place d'Armes **6 K14**
Place Royale, Aub. de la . . .**6 L14**
Quality **6 H13**
Quality **27 048**
Quality Suites Pointe-Claire .**17 H40**
Radisson Longueuil **44 W60**
Residence Inn Marriott . . .**5 H11-12**
Ritz-Carlton **5 H11**
Roberval, Le **6 J15**
Saint-André, Le **6 J16**
Saint-Denis **6 J15**
Saint-James, Le **6 K13**
Saint-Malo, Le **5 J9**
Saint-Paul **6 L13**
Saint-Sulpice **6 L14**
Sofitel Montreal **5 H11**
Spring Hill Suites **6 L14**
Taj-Mahal **6 H15**
Tour Belvédère, La **5 H9**
Tour Centre-Ville, La **6 J13**
Travelodge **6 J14**
Travelodge **26 042**
Vieux-Port, Auberge du **6 L14**
Vieux-Port, Hotel du **6 K15**
Viger **6 K16**
Villa de France **6 J14**
Villard **6 H15**
Voyageur, Résidence du **6 G16**
W **6 K13**
XIXe Siècle **6 K13**

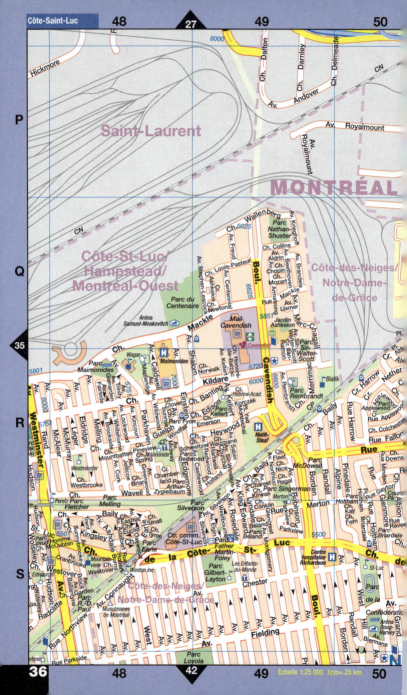

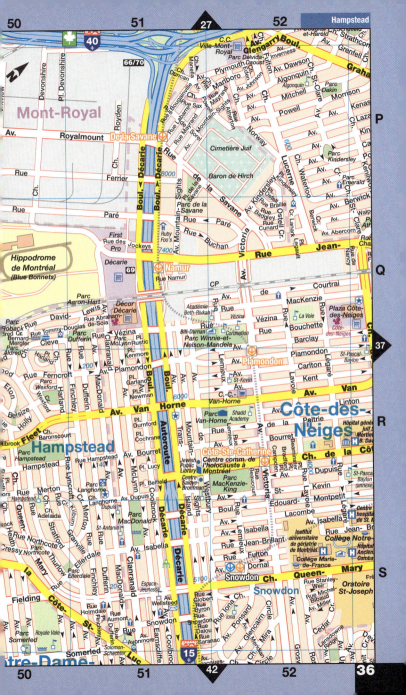

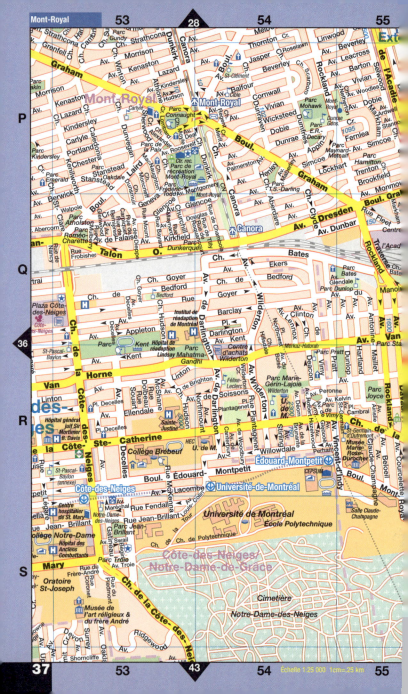

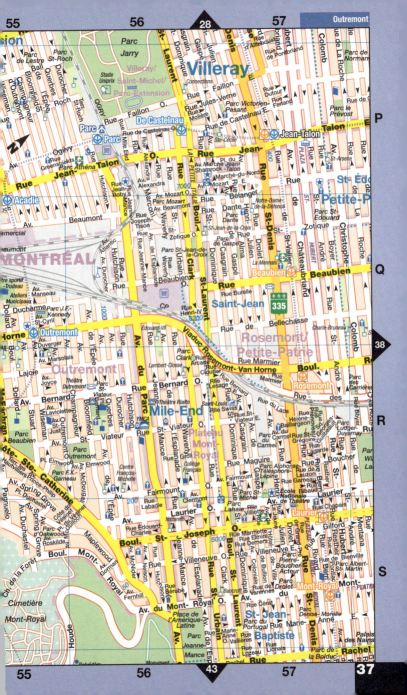

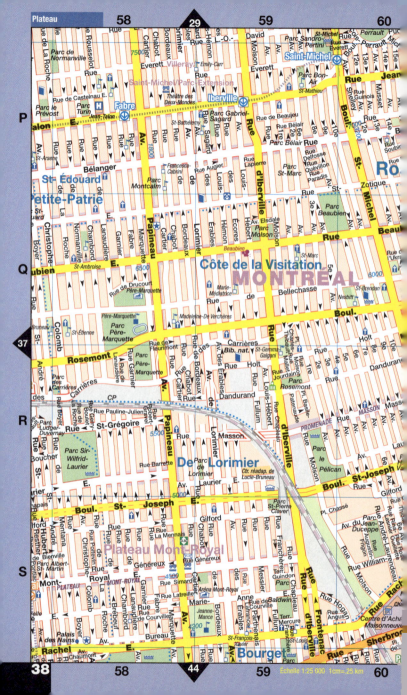

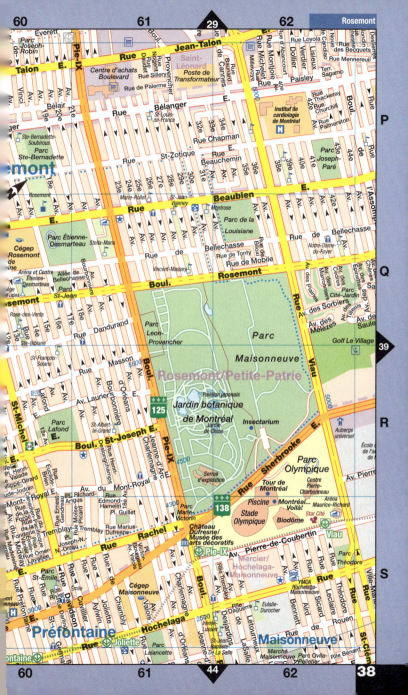

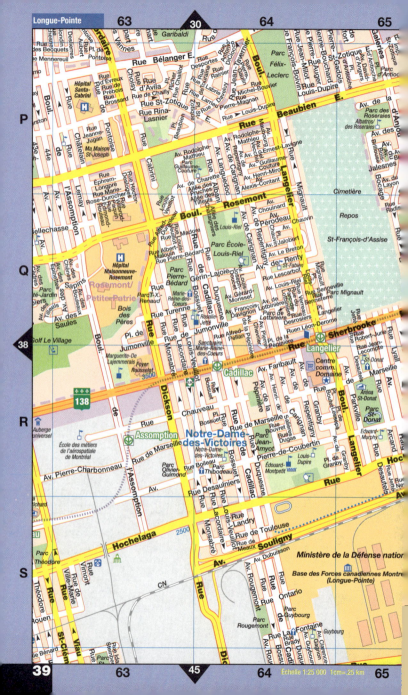

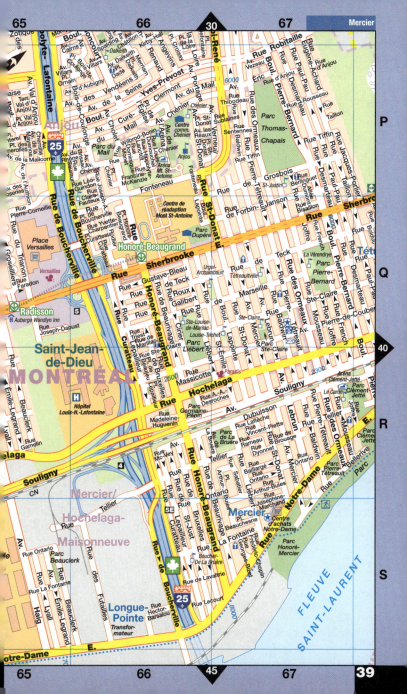

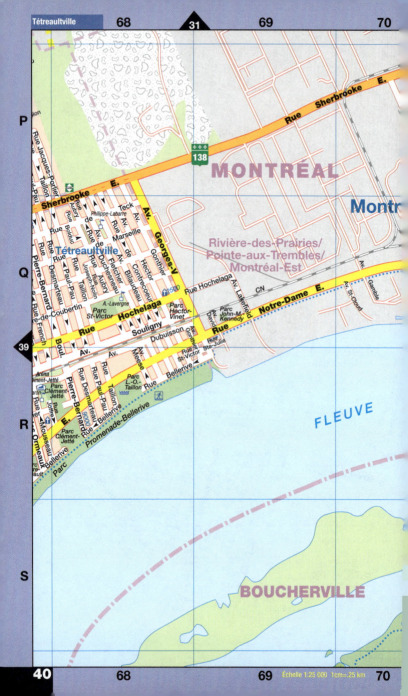

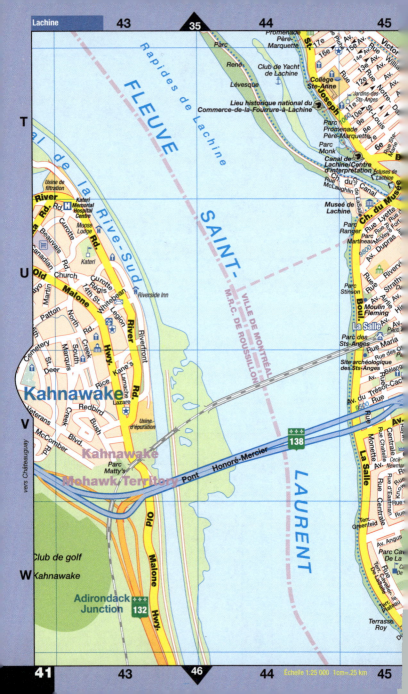

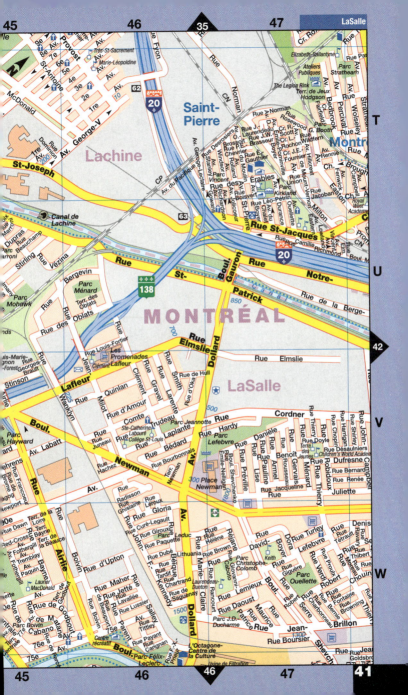

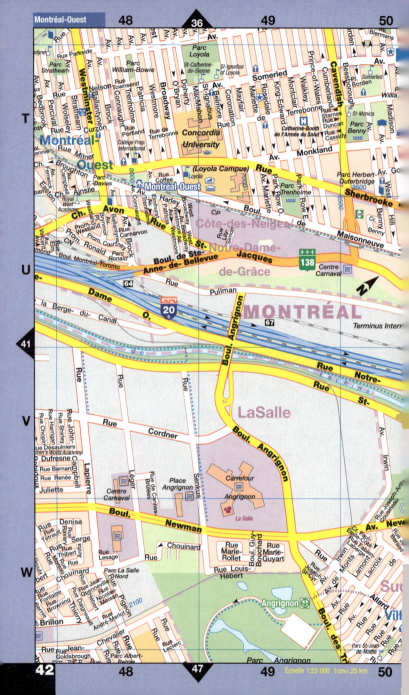

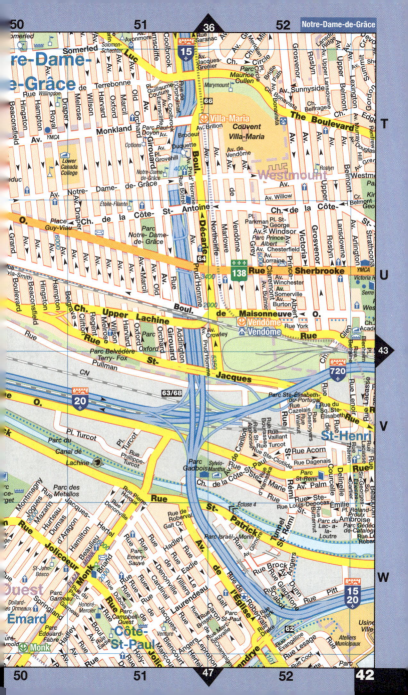

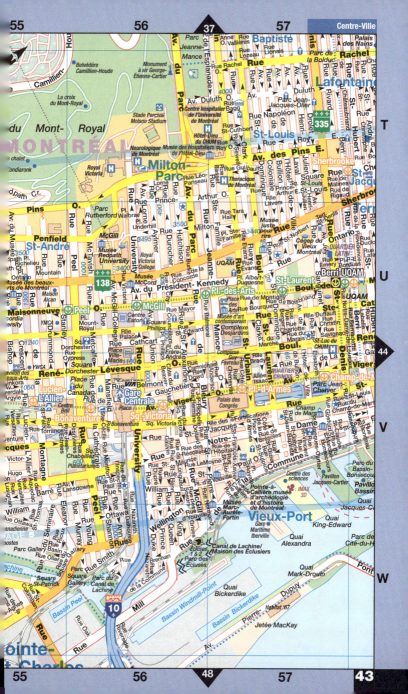

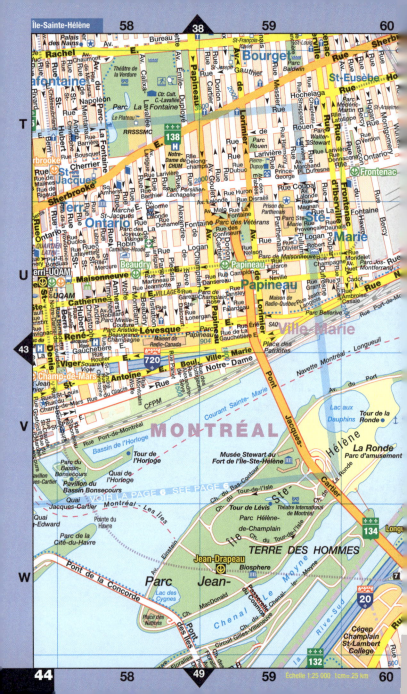

T

re-Dame   E.

Parc
Raoul-
Gauthier

Rue Port-de-Montréal

MONTRÉAL

SAINT- LAURENT

VILLE DE MONTRÉAL
VILLE DE LONGUEUIL

Port-tunnel Louis-Hippolyte-Lafontaine

Centre
d'Épuration

Parc
Île-Charron

Île

Rue de l'Île Charron

U

Charron

des Gouverneurs

Bateau-Passeur

Île Verte

Bateau-Passeur
Longueuil-Île-Charron

25

vers Boucherville

20 **132**

Boul.   **Marie-Victorin**

15
90

V

Rue Bouchard

Rue Lapointe

Rue

Rue
Labrie

Lalemant

Rue Kirouac

Rue Larocque

Rue Colonne

Rue
Précicon

Rue
Lotbinière

Rue Laflamme

Rue Lépine

Rue Lalande

Rue Lalande

Rue
Lacoste

Rue
Lajoie

Lacombe

Rue
Lavoie

Rue Vérendrye

Rue

Parc de
l'Église

Rue de l'Église

Léo

Guy

Rue

Rue

Rue Claude

Rue Hémond

Rue Vienne

Jean-Louis
Le Déclic

Parc
Jean-
Louis

Limoges

Rue

Marie-
Victorin

Guillerm

Rue Jeannette

Martin

Rue

Rue Faucher

Rue Claude

Guimond

Sénécal

Arsène

Rue

Lafrance

Rue

Jean-Paul-Vincent

Boul.

Terrasse-Charbonneau

vers Saint-Hyacinthe

Rue Transc

Rue des
Alouettes

Rue des
Pigeons

Rue
doncour

Rue des

Rue Pluviers

Parc
Hirondelles

Rue des
Orioles

Parc des
Grives

Rue des
Fauvettes

Rue des
Pinsons

Rue des
Corbeaux

Rue des
Fauvettes

Rue des
Merles

Rue

de

la

Métropole

Bénault

Rue

Rue Le Breton

Rue Garneau

Rue

de

Rue Delage

la

Rue Guimond

Boul.

Rue Giffard

Rue
Province

CN

W

Rue des
Sarcelles

Rue des
Mésanges

Parc des
Hirondelles

Rue des
Colibris

Rue Hirondelles

Boul.

nd-Lafontaine

Rue des
Épervier

Parc des
Notre-
Dame

Rue

Rue des Hirondelles

Rue des Pélinottes

Rue

Rue

X

132

Y

Texas

CP

Kahnawake

Mohawk Territory

Canal

Z

Ch.

Rue

A

Rue Pasteur

vers Châteauguay

30

90

Rue   La
Rue
Rue
Morin   Mars
Rue   teur   Mas

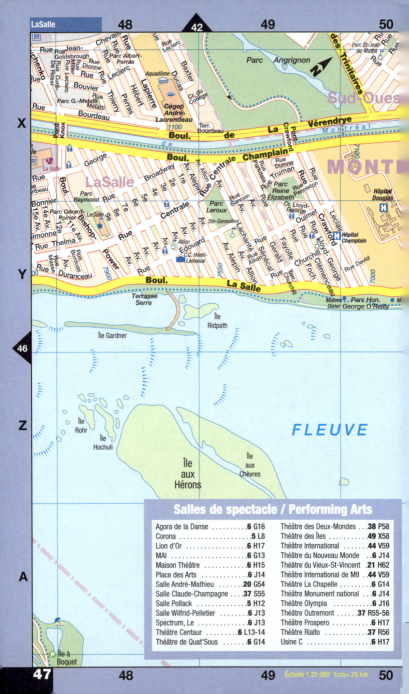

Salles de spectacle / Performing Arts

Agora de la Danse	**6** G16	Théâtre des Deux-Mondes	**38** P58
Corona	**5** L8	Théâtre des Îles	**49** X58
Lion d'Or	**6** H17	Théâtre International	**44** V59
MAI	**6** G13	Théâtre du Nouveau Monde	**6** J14
Maison Théâtre	**6** H15	Théâtre du Vieux-St-Vincent	**21** H62
Place des Arts	**6** J14	Théâtre International de Mtl	**44** V59
Salle André-Mathieu	**20** G54	Théâtre La Chapelle	**6** G14
Salle Claude-Champagne	**37** S55	Théâtre Monument national	**6** J14
Salle Pollack	**5** H12	Théâtre Olympia	**6** J16
Salle Wilfrid-Pelletier	**6** J13	Théâtre Outremont	**37** R55-56
Spectrum, Le	**6** J13	Théâtre Prospero	**6** H17
Théâtre Centaur	**6** L13-14	Théâtre Rialto	**37** R56
Théâtre de Quat'Sous	**6** G14	Usine C	**6** H17

Échelle 1:25 000   1cm=.25 km

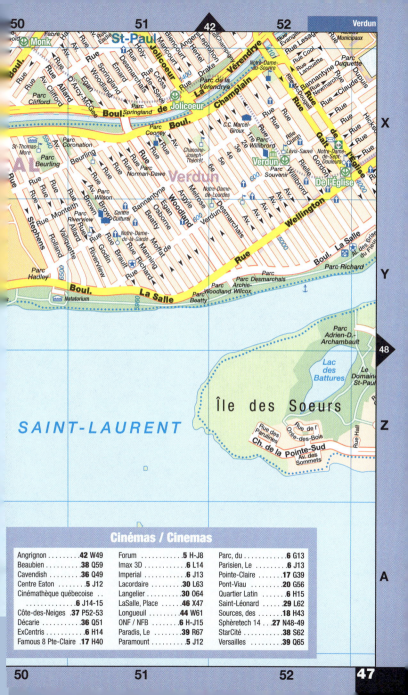

Cinémas / Cinemas

Angrignon **42** W49	Forum **5** H-J8	Parc, du **6** G13
Beaubien **38** Q59	Imax 3D **6** L14	Parisien, Le **6** J13
Cavendish **36** Q49	Imperial **6** J13	Pointe-Claire **17** G39
Centre Eaton **5** J12	Lacordaire **30** L63	Pont-Viau **20** G56
Cinémathèque québécoise . .	Langelier **30** O64	Quartier Latin **6** H15
. . . . . . **6** J14-15	LaSalle, Place **46** X47	Saint-Léonard **29** L62
Côte-des-Neiges . **37** P52-53	Longueuil **44** W61	Sources, des **18** H43
Décarie **36** Q51	ONF / NFB **6** H-J15	Sphèretech 14 . . . **27** N48-49
ExCentris **6** H14	Paradis, Le **39** R67	StarCité **38** S62
Famous 8 Pte-Claire **17** H40	Paramount **5** J12	Versailles **39** Q65

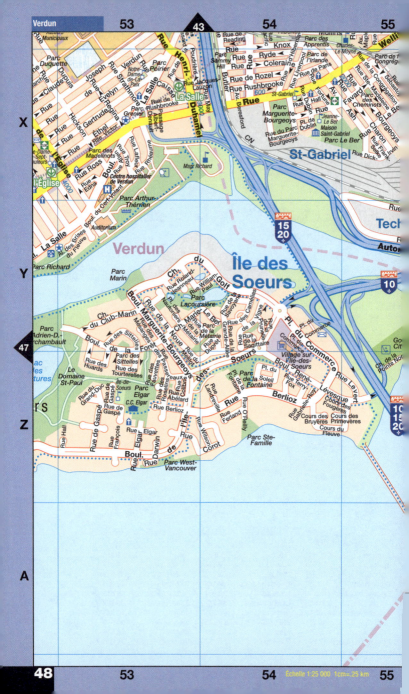

Pointe-
-Charles

Rue

Bridge

Ch.-des-Moulins

Av.

112

Rue des
Flandais

Ste-Anne

Sud-Ouest

MONTRÉAL

Cantin

Place
Fernand-
Seguin

Marc-

parc

Rue
Fernand-Seguin

Derick

Bonaventure

Carrie-

Pointe Saint-
Charles

Pont

Victoria

FLEUVE SAINT-LAURENT

VILLE DE MONTRÉAL

Champlain

ST-LAMBERT

20

Club de
Yachting
Préville

Parc de
Bretagne

Riverside

Pont Champlain

Île de la
Couvée

BROSSARD

Parc
des
Vélos

132

X

Y

49

Z

A

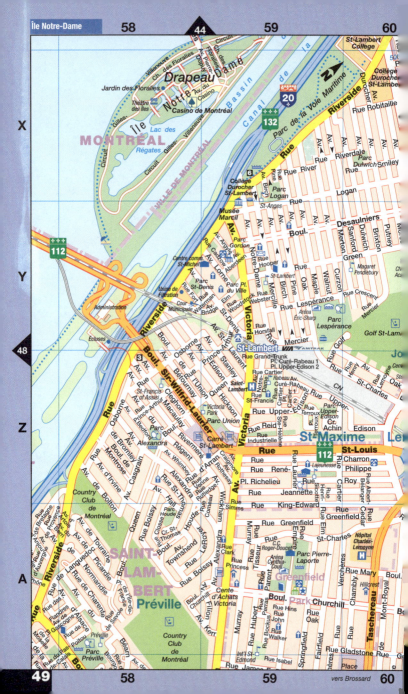

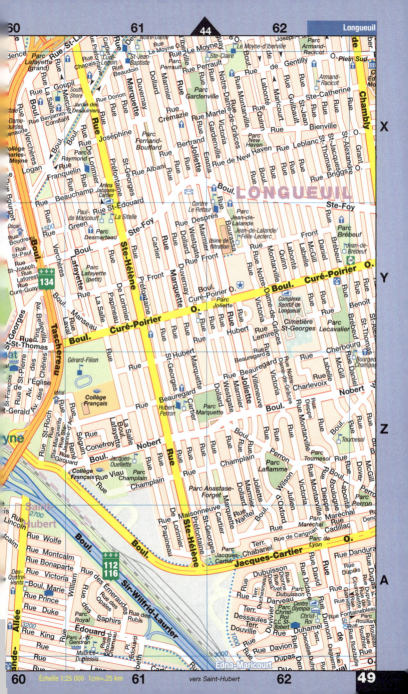

Transport en commun

Services à la clientèle

Île de Montréal

Société de transport de Montréal (STM) www.stm.info
Autobus, métro – 514-280-5100
La Station-Service
Située au métro Berri-UQAM, ce bureau d'information met à votre disposition tous les horaires et les plans du réseau STM. On peut aussi échanger une carte mensuelle démagnétisée.

Laval

Société de Transport de Laval (STL) www.stl.laval.qc.ca
Autobus – 450-688-6520
Correspondance avec le réseau STM
Terminus situé au métro Henri-Bourassa

Rive-Sud

Réseau de transport de Longueuil (RTL)
www.rtl-longueuil.info
Autobus – 450-463-0131
Correspondances avec le réseau STM
Terminus situé aux métros Bonaventure et Longueuil

Trains de banlieue

Trains de banlieue Montréal/Blainville, Montréal/Deux-Montagnes, Montréal/Dorion-Rigaud
Agence métropolitaine de transport (AMT) www.amt.qc.ca
Renseignements - Horaire et tarifs 514-288-6287
Commentaires
Trains de banlieue: 514-288-5221
Adresse électronique: trains@amt.qc.ca

Renseignements sur le réseau

514-A-U-T-O-B-U-S (514-288-6287)

Public Transit

Passenger Services

Montreal Island

Société de transport de Montréal (STM) www.stm.info
Buses, Metro – 514-280-5100
The Service Station
This information counter at Berri-UQAM metro station offers schedules and maps covering all of the STM's network. Transit users can also exchange demagnetized monthly passes for good ones.

Laval

Société de Transport de Laval (STL) www.stl.laval.qc.ca
Buses – 450-688-6520
Transfer to the STM system
Terminal located at Henri-Bourassa metro station

South Shore

Réseau de transport de Longueuil (RTL)
www.rtl-longueuil.info
Buses – 450-463-0131
Transfer to the STM system
Terminals located at Bonaventure and Longueuil metro stations

Commuter Rail

Commuter lines to Montréal/Blainville, Montréal/Deux-Montagnes, Montréal/Dorion-Riguad
Agence métropolitaine de transport (AMT) www.amt.qc.ca
Information - Time-tables & rates: 514-288-6287
Comments
Commuter Rail: 514-288-5221
E-mail Address: trains@amt.qc.ca

Travel Directions

514-A-U-T-O-B-U-S (514-288-6287)

Ponts / Bridges

Ahuntsic	**20** K56	Lachapelle	**19** J51
Champlain	**48** Z55	Latour	**46** X46
Charles-de-Gaulle	**24** K77	LeGardeur	**33** M78
Concorde, de la	**44** W58	Louis-Bisson	**18** H47
Galipeault	**12** C28	Louis-Hippolyte-Lafontaine	
Honoré-Mercier	**41** V44-45		**45** T-U67
Île-aux-Tourtes, de l'	**9** A28	Médéric-Martin	**19** J52
Îles, des	**44** W58	Papineau-Leblanc	**21** J-K58
Jacques-Bizard	**14** C40	Pie-IX	**21** J61
Jacques-Cartier	**44** V59	Reed-Grenier	**33** L79
Knox	**47** X48	Victoria	**48** X-Y57

Autres / Other

Aérobus Trudeau/Centre-Ville	**5** K12
Aéroport International Trudeau	**26** M43-44
Bateau-Passeur Longueuil–Île-Charron	**45** U67
Gare Maritime d'Iberville	**43** W57
Navette Vieux-Port–Les Îles	**44** W58
Navette Montréal-Longueuil	**44** V59 U60
Station centrale d'autobus	**6** H-J15
Terminus Rive-Sud	**5** K11-12
Terminus Voyageur Kirkland	**16** G37
Traversier Laval–Île Bizard	**11** A42-43
Traversier Île Dorval	**34** P41-42
VIA Gare Centrale Station	**5** K12
VIA Gare Dorval Station	**26** O43

Attraits

Aréna Maurice-Richard **38 S62**
Atrium Le 1000 De La Gauchetière
(Patinoire intérieure) **5 K11-12**
Basilique Notre-Dame **6 L13-14**
Basilique Saint-Patrick **6 K13**
Biodôme **38 S62**
Biosphère **44 W59**
Canal de Lachine Centre
d'Interpretation **41 T45**
Casino de Montréal **49 X58-59**
Cathédrale Christ Church **5 J12**
Cathédrale Marie-Reine-du-Monde . . .
. . . .**5 J-K12**
Centre Bell **5 K11**
Centre Canadien d'Architecture . .**5 J9**
Centre communautaire de l'holocauste
à Montréal **36 R51-52**
Centre d'Histoire de Montréal . .**6 L13**
Centre d'interpretation du canal de
Lachine **44 T45**
Centre de Commerce Mondial . .**6 K13**
Centre des sciences de Montréal **6 L14**
Centre Pierre-Charbonneau . . .**38 R62**
Centre sportif Claude-Robillard . . .
. . . .**28 N57**
Château Dufresne Musée des arts
decoratifs **38 S61**
Écomusée de la vallée du Saint-
Laurent **12 C30-31**
Église de Saint Andrew et Saint Paul . .
. . . .**5 H10**

Église Notre-Dame-de-Bonsecours . . .
. . . .**6 L15**
Fonderie Darling **5 L12**
Habitat '67 . . . .**43 W57**
Hippodrome Blue Bonnets . . .**36 Q50**
Infotouriste **5 J11 6 K-L14**
Insectarium **38 R62**
Jardin botanique de Montréal . . . . . .
. . . .**38 R61**
La Ronde Parc d'Amusement .**44 V60**
Lieu historique national du Commerce
de la Fourrure à Lachine . . .**41 T44**
Lieu historique national Sir-Georges-
Étienne-Cartier **6 K15-16**
Maison des Arts de Laval **20 H54**
Maison de Radio-Canada **6 K17**
Maison de Radio-Québec . . .**6 J18-19**
Maison Saint-Gabriel **48 X54**
Maison Smith **43 T54-55**
Marché Bonsécours **6 L15**
Montréal Voila **38 S62**
Musée Armand-Frappier **19 J52**
Musée Château Ramezay **6 K15**
Musée d'Art Contemporain . .**6 J13-14**
Musée d'Art Saint-Laurent . . .**27 O52**
Musée de la Banque de Montréal . . . .
. . . .**6 K14**
Musée de Lachine **41 U45**
Musée des Beaux-Arts **5 H10**
Musée des Hospitalières de l'Hôtel-
Dieu **6 G13**

Musée du Commerce de la Fourrure . .
. . . .**41 T44**
Musée juste pour rire **6 H14**
Musée Marc-Aurèle-Fortin . . .**6 L13**
Musée Marcil **49 Y59**
Musée Marguerite d'Youville **5 J10**
Musée Marie-Rose-Durocher . .**37 R55**
Musée McCord **5 H12**
Musée Redpath **5 H12**
Musée Stewart au Fort de l'Île-Sainte-
Hélène **6 L18**
Oratoire Saint-Joseph **37 S53**
Palais des Congrès **6 K13-14**
Pavillon du Bassin-Bonsécours .**6 L15**
Pavillon Jacques-Cartier **6 L15**
Piscine Olympique **38 S62**
Place des Arts **6 J14**
Planétarium de Montréal . . .**5 K-L11**
Pointe-à-Callière Musée d'Archéologie
et d'Histoire de Montréal **6 L13-14**
Quartier Chinois **6 K14**
Quartier Latin **6 H15**
Site cavernicole de Saint-Léonard . . . .
. . . .**29 M62**
Stade Percival Molson **6 G13**
Stade Olympique **38 S62**
Stade Uniprix **37 P56**
Tour de Montréal **38 S62**
Vieux-Montréal **6 K14**
YMCA **5 J11 17 G40**
YWCA **5 J11**

Points of Interest

Armand-Frappier Museum **19 J52**
Atrium (Indoor Skating Rink) @ Le
1000 de La Gauchetière . .**5 K11-12**
Bank of Montreal Museum **6 K14**
Bell Centre **5 K11**
Biodome **38 S62**
Biosphere **44 W59**
Blue Bonnets Race Track **36 Q50**
Bonsecours Basin Pavillion . . .**6 L15**
Bonsecours Market **6 L15**
Canadian Centre for Architecture .**5 J9**
Casino of Montreal **49 X58-59**
Centre of the History of Monteal **6 L13**
Chateau Dufresne Museum of
Decorative Arts **38 S61**
Chateau Ramezay Museum . . .**6 K15**
Chinatown - see Quartier Chinois . . . .
. . . .**6 K14**
Christ Church Cathedral **5 J12**
Church of Saint Andrew and Saint Paul
. . . .**5 H10**
Claude-Robillard Sports Centre **28 N57**
Darling Foundry **5 L12**
Ecomuseum of the Proud World . . .
. . . .**6 G13-14**
Fur Trade Museum - see Lieu his-
torique national du Commerce de la
Fourrure à Lachine **41 T44**
Habitat '67 . . . .**43 W57**
Holocaust Community Ctr of Montreal .
. . . .**36 R51-52**
Infotouriste **5 J11 6 K-L14**
Insectarium **38 R62**

Jacques-Cartier Pavillion **6 L15**
Just for Laughs Museum - see Musée
juste pour rire **6 H14**
Lachine Canal Interpretive Centre . . .
. . . .**44 T45**
Lachine Museum **41 U45**
La Ronde Amusement Park . . .**44 V60**
Latin Quarter - see Quartier Latin**6 H15**
Laval Arts Center **20 H54**
Marc-Aurèle-Fortin Museum . . .**6 L13**
Marcil Museum **49 Y59**
Marguerite d'Youville Museum . .**5 J10**
Marie-Rose-Durocher Museum **37 R55**
Mary Queen of the World Cathedral -
see Marie-Reine-du-Monde **5 J-K12**
Maurice Richard Arena **38 S62**
McCord Museum **5 H12**
Montreal Botanical Garden . . .**38 R61**
Montreal Convetion Centre - see Palais
des Congrès **6 K13-14**
Montréal International Centre of
Contemporary Art **6 G13**
Montreal Voila **38 S62**
Museum of Archeology and the History
of Montreal at Pointe-à-Callière . . . .
. . . .**6 L13-14**
Museum of Contemporary Art . . . .
. . . .**6 J13-14**
Museum of Fine Arts - see Musée des
Beaux-Arts **5 H10**
Museum of the Hospitaliers of the
Hotel Dieu **6 G13-14**

Notre Dame Basilica **6 L14**
Old Montreal - see Vieux-Montréal . . . .
. . . .**6 K14**
Old Port - see Vieux-Port **6 L14**
Olympic Pool - see Piscine . . .**38 S62**
Olympic Stadium - see Stade .**38 S62**
Percival Molson Stadium **6 G13**
Pierre Charbonneau Centre . . .**38 R62**
Place des Arts **6 J14**
Planetarium of Montréal **5 K-L11**
Radio Canada House **6 K17**
Radio Québec House **6 J18-19**
Redpath Museum **5 H12**
Saint Gabriel House **48 X54**
Saint Joseph's Oratory **37 S53**
Saint Laurent Museum of Art . .**27 O52**
Saint Lawrence Valley Ecomuseum . . .
. . . .**12 C30-31**
Saint Leonard Caverns **29 M62**
Saint Patrick's Basilica **6 K13**
Science Centre of Montreal . . .**6 L14**
Sir Georges Etienne Cartier National
Historic Site **6 K15-16**
Smith House - see Maison Smith . . .
. . . .**43 T55**
Stewart Museum at Saint Helen's
Island **44 V59**
Uniprix Stadium **37 P56**
World Trade Centre - see Centre de
Commerce Mondial **6 K13**
YMCA **5 J11 17 G40**
YWCA **5 J11**

Centres commerciaux / Shopping Centres

Acadie-Beaumont, C.C. l' . . . **37** Q55
Acadie-Sauvé, C. d'A. l' . . . **28** M54
Alexis-Nihon, Place **5** H8
Angrignon, Carrefour **42** V49
Angrignon, Place **42** V48
Anjou, C.C. **30** O65
Anjou, Galeries d' **30** O65
Anjou, Marché Les Halles d' . . . .
. . . . **30** O64-65
Anjou, Place d' **30** O65
Atwater, Marché **5** L7
Aubaines, Place des **37** F56
Baie d'Urfé, C.C. **12** E31
Baldwin, Centre **14** D39
Bazar, C.C. Le **27** N48
Beaconsfield, C.C. **16** H36
Beignebec, C. d'A. **49** Z59
Bonanza, Centre **13** E37
Bonaventure, Place **5** K12
Boulevard, C. d'A. **38** P61
Boulevards, La Croisée des . **20** H54
Bourassa, Place **22** K63
Cardinal, Centre **40** P73
Cartier, Plaza **20** J54
Cathédrale, Promenades de la . **5** J12
Cavelier, Place **46** X47
Cavendish, Mail **36** Q49
Centennial, Plaza **18** H43
Concorde, Marché Public . . **21** J58
Concorde, Plaza **20** H56
Côte-des-Neiges, Plaza . **37** Q52-53
Côte-Saint-Luc, C.C. . . . **36** S48-49
Couture, Complexe . . **29** L62-63
Crestview, Centre **15** E44
Curé-Labelle, Complexe . . . **19** H51
Décor-Décarie **36** Q51
Desjardins, Complexe . . . **6** J13-14

Domaine, C.C. **39** R64
Dupuis, Place **6** J15-16
Duvernay, Centre **21** H59
Eaton de Montréal, Centre . . **5** J12
Fairview-Pointe-Claire, Centre . . . . .
. . . . **17** G39-40
Fanamax, Place **15** E44
Fleury, C.C. **29** L57-58
Fleury, Promenade **29** L57
Forest, C.C. **21** K60
Grilli, Place **13** F37
Île-des-Soeurs, Village sur l' . **48** Z54
Jardins Dorval, C.C. **25** O42
Jean-Talon, Marché **37** P57
Kirkland, Place **16** G37
Kirkland, Plaza **13** F37
Labelle-Samson, Centre . . **19** G50
Lachine, Galeries **35** R-S44
Lafleur, Promenades **41** V46
Langelier, Carrefour **30** O64
La Salle, Place **46** X47
Laval, Centre **20** G53
Laval, Les Galeries **20** G54
Longueuil, Place **44** W61
Maisonneuve, C. d'A. **38** S60
Maisonneuve, Marché **44** T62
Marché, Place du **18** H43
Meighen, Place **15** E44
Mont-Royal, Les Cours **5** J11
Montmorency, Place **20** H55
Montréal Trust, Place **5** J12
Newman, Place **41** V47
Norgate, Galeries **27** N51
Normandie, Galeries **20** K53
Oakwood, Galeries **13** E37
Ouest, Marché de l' **18** G43
Parc, Galeries du **6** G13

Pointe, Carrefour de la . . . **31** N72
Pointe-aux-Trembles, Place . **40** P72
Pointe-Claire, C. d'A. **17** J39
Pointe-Claire, Complexe . . **17** G40
Pointe-Claire, Les Colonnades **17** G40
Pointe-Claire, Terrarium . . **17** H40
Pointelière, Place **32** N73
Repentigny, Place **33** L80
Revcon, Complexe **17** G40
Rockland, C.C. **28** O54
Saint-Charles, C. d'A. **16** G37
Saint-François, Les Promenades . . . .
. . . . **23** H70
Saint-Hubert, Plaza **37** P-Q57
Saint-Jacques, Marché **6** H16
Saint-Jean, C.C. **14** D41
Saint-Lambert, Carré . . **49** Z58-59
Saint-Laurent, Galeries . . . **27** L51
Sainte-Catherine, Le Faubourg **5** J10
Sainte-Geneviève, Place . . . **15** E45
Sources, Galeries des **18** H43
Sources, Promenades des . **18** H43
Shopping Mode, Le **19** H51
Timberlea, Place **13** E34
Tricentenaire, Galeries . . . **31** O72
Uniprix, Centre **14** D37-38
Val-des-Arbres, Les Galeries **21** G59
Val-Royal, C.C. **27** M52
Versailles, Place **39** Q65
Vertu, Place **27** M49
Viau, Place **29** O61
Victoria, C. d'A. **49** A59
Village-Montpellier, C.C. . . **27** N52
Ville-Marie, Place **5** J12
Ville Mont-Royal, C.C. . . **36** O-P52
Westmount Square **5** H7-8

Index des rues

Comment utiliser l'index

Pour trouver une rue, chercher dans les colonnes par ordre alphabétique. Le code de trois chiffres à côté du nom de la rue indique la municipalité dans laquelle se trouve la rue. Noter le numéro de page et les coordonnées à côté du nom de la rue. Par exemple, pour trouver l'avenue des Cèdres à Montréal:

Cèdres, Av. des **38** Q62

Tourner à la page **38** et trouver le carré Q62. Vous y trouverez l'avenue des Cèdres.

Street Index

How to use the index

To find a street, search through the alphabetically arranged columns. A three letter code beside the street name indicates which municipality the street is located in. Note the page number and the reference square to the right of the street name. For example, to find the location of Gay Cedars Drive in Montréal:

Gay Cedars Dr. **12** E29

Turn to page **12** and locate the square E29. Scan the square to find the street.

Codes spéciaux

Si une rue a le même nom qu'une rue ailleurs dans la ville de Montréal, un code spécial suit aussi le nom. Les codes sont les suivantes:

Special Codes

If a street name is duplicated elsewhere in the city of Montreal, a special code follows the name. The codes are as follows:

Ahuntsic . . . . .MTL	Lachine . . . . .LCH
Anjou . . . . .ANJ	LaSalle . . . . .LSL
Baie-d'Urfé . . . . .BDU	Maisonneuve . . . . . . .MTL
Beaconsfield . . . . .BCF	Mont-Royal . . . . .TMR
Beaurepaire . . . . .BCF	Montréal (ancienne ville /
Bout-de-l'Île . . . . .MTL	former city) . . . . MTL
Cartierville . . . . .MTL	Montréal-Est . . . . .MTE
Côte-Saint-Luc . . . . . .CSL	Montréal-Nord . . . . . .MTN
Dollard-des-Ormeaux DDO	Montréal-Ouest . . . . .MTO
Dorval . . . . .DVL	Notre-Dame-de-Grâce .
Hampstead . . . . .HMS	. . . . .MTL
Hochelaga . . . . .MTL	Outremont . . . . .OUT
Île-Bizard . . . . .IBZ	Pierrefonds . . . . .PFD
Île des Soeurs . . . . . . .VRD	Pointe-aux-Trembles . .MTL
Kirkland . . . . .KRK	Pointe-Claire . . . . .PCL

Rivière-des-Prairies . .MTL
Roxboro . . . . .ROX
Saint-Laurent . . . . .SLR
Saint-Léonard . . . . . . .SLN
Saint-Michel . . . . .MTL
Saint-Pierre . . . . .SPR
Sainte-Anne-de-Bellevue .
. . . . .SAB
Sainte-Geneviève . . . .SGV
Saraguay . . . . .MTL
Sault-au-Récollet . . . .MTL
Senneville . . . . .SNV
Verdun . . . . .VRD
Ville-Émard . . . . .MTL
Westmount . . . . .WMT

Villes qui ne sont pas indexées

Les rues des villes autour de l'Île de Montréal ne sont pas inclues dans l'index. Ces villes sont inclues dans nos atlas "Montréal & Laval", "Montréal & Environs", et "Montérégie". Nous produisons aussi des cartes de Montréal, de Laval et la Rive-Nord, de La Rive-Sud, et de la Montérégie.

Cities not in the Index

Streets in cities surrounding the Island of Montreal are not included in this index. These outlying cities can be found in several other MapArt atlases including "Montréal & Laval", "Montréal & Environs", and "Monteregie". Folding maps include Montreal, Laval and the North Shore, The South Shore, and the Monteregie.

Routes provinciales / Highways   220

10   Autoroutes / Expressways

Route 112 . . . . .48 X56	Autoroute 10 . . .5 L12 43 W56 48 Y55 Z55	Autoroute 25 . . .29 M60 061 30 064 39 P65 S66
Route 117 . . . . .27 M51	Autoroute 13 . .18 K47 26 N46-47 35 Q45	. . . . . .29 M60 061 30 064 39 P65 S66
Route 125 . . . . .29 N60 38 R61	Autoroute 15	Autoroute 40 . . . .9 B29 13 E34 17 G39
Route 134 . . . . .44 W60	. . . 28 N54 053 42 T51 43 W53 48 Y54 Z55	. . . . . . .18 J44 26 M47 27 051 28 053
Route 138 . . . . .5 H11 6 G17 H14 31 072	Autoroute 19 . . .20 K57 21 K58 29 M58	. . .29 058 061 30 064 N67 31 N72 32 L76
. . . . .32 M76 39 R63 40 P68	Autoroute 20 . . .12 D29 16 G34 17 K39	Autoroute 520 . . . . .26 044 047
. . . . .41 U46 42 U49 U52 43 U56	26 043 35 Q45 42 V51 43 W53 48 Y54 Z55	Autoroute 720 . .5 K9 6 K16 42 V52 44 V58

1re Av. (DVL) 25 042	2e Av. (LCH) 41 T46	3e Av. (PAT) 31 071 40 P-071
1re Av. (IBZ) 11 A42	2e Av. (LSL) 47 X-Y48	3e Av. (VRD) 47 X-Y52
1re Av. (LCH) 41 T45 T46	2e Av. (MTL) 29 M-059 38 P-R59	3e Av. N. 15 E45
1re Av. (LSL) 47 X48 Y49	2e Av. (PAT) 40 P-071	3e Av. S. 15 E-F45
1re Av. (MTL) 29 059 38 P-R59	2e Av. (VRD) 47 X-Y52	3e Rue (MTL) . .22 J65 23 K69-70 31 L72
1re Av. (PAT) 40 P-071	2e Av. N. 15 E45	3e Rue (ROX) 15 E45
1re Av. (VRD) 47 X52	2e Rue (MTL) 22 J65 23 K70	4e Av. (DVL) 25 N-042
1re Av. N. 15 E45	2e Rue (ROX) 15 F45	4e Av. (IBZ) 11 A42
1re Rue (MTL)	3e Av. (DVL) 25 042	4e Av. (LCH) 41 T45-46
. . .22 J67 23 J69-70 24 K74 32 L74 L77	3e Av. (IBZ) 11 A42	4e Av. (LSL) 47 X-Y48
1re Rue (ROX) 15 F45	3e Av. (LCH) 41 T46	4e Av. (MTL) 38 R59-60
2e Av. (DVL) 25 042	3e Av. (LSL) 47 X-Y48	4e Av. (PAT) 40 P71 072
2e Av. (IBZ) 11 A42	3e Av. (MTL) 38 Q-R59 R60	4e Av. (RDP) 22 J-K65 30 L65

4e Av. (VRD) 47 X-Y52
4e Av. N. 15 E45
4e Av. S. 15 E-F45
4e Rue (MTL) . . . .
. . . . . . .22 J-K65 K67 23 K68-71 31 L72
4e Rue (ROX) 15 E45
5e Av. (DVL) 25 N-O42
5e Av. (IBZ) 11 A42
5e Av. (LCH) 35 S45 41 T45
5e Av. (LSL) 47 X-Y52
5e Av. (MTL) 38 Q59 R60
5e Av. (PAT) 31 O71 40 P71 Q72
5e Av. (PCL) 17 K39
5e Av. (RDP) 22 J-K65 30 L65
5e Av. (VRD) 47 X-Y52
5e Av. N. 15 E44
5e Av. S. 15 E44
5e Rue (MTL) 23 K68-70 31 L70-72
5e Rue (ROX) 15 E44
6e Av. (DVL) 25 N42
6e Av. (LCH) 35 S46 41 T45-46
6e Av. (LSL) 47 X-Y48
6e Av. (MTL) 29 M59 O59 38 P-Q59 R-S60
6e Av. (PAT) 31 O71 40 P71 Q72
6e Av. (RDP) 22 J-K65 30 L65
6e Av. (ROX) 15 E44
6e Av. (VRD) 47 X-Y52
6e Rue (MTL) 31 L70 L72
6e Rue (ROX) 15 E44
7e Av. (LCH) 35 S46 41 T45
7e Av. (LSL) 47 Y48
7e Av. (MTL) 29 M-N59 38 R60
7e Av. (PAT) 31 O71 40 P71 Q-Q72
7e Av. (ROX) 15 E44
7e Rue (MTL) 22 K65 31 L69
7e Rue (ROX) 15 E44
8e Av. (LCH) 35 S45 S46 41 T45
8e Av. (LSL) 47 Y48
8e Av. (MTL) 29 M-O59 38 P59 R60
8e Av. (PAT) 31 O71 40 P71 Q-Q72
8e Av. (ROX) 15 E44
8e Rue (MTL) 30 L65
8e Rue (ROX) 15 F44-45
9e Av. (LCH) 35 S45-46 41 T45
9e Av. (LSL) 47 Y48
9e Av. (MTL) . .29 M-O59 38 P59 Q-R60
9e Av. (PAT) 31 O71 40 P71 Q-Q72
9e Av. (ROX) 15 F45
9e Rue 15 F44
10e Av. (LCH) 35 S45-46 41 T45
10e Av. (MTL) 29 M-O59 38 Q-R60
10e Av. (RDP) 22 J66
10e Av. (ROX) 15 F45
10e Rue 15 F44
11e Av. (LCH) 35 S45-46 41 T45
11e Av. (LSL) 47 Y48
11e Av. (ROX) 15 F44-45
11e Rue 15 F44-45
12e Av. (LCH) 35 S45-46 41 T45
12e Av. (LSL) 46 Y47 47 Y48
12e Av. (MTL) . .29 M-N59 O60 38 P-R60
12e Av. (PAT) 31 O71-72 40 P72
12e Av. (ROX) 15 F44
12e Rue 15 F45
13e Av. (LCH) 35 S45 41 T45
13e Av. (MTL) . .29 M-N59 O60 38 P-R60
13e Av. (PAT) 31 O71-72 40 P-Q72
13e Av. (ROX) 15 F44
13e Rue 15 F44
14e Av. (LCH) 35 S45 41 T45
14e Av. (LSL) 46 Y47
14e Av. (MTL) 29 M-N59 N-O60 38 P-Q60
14e Av. (PAT) 31 O71-72 40 P-Q72
14e Av. (ROX) 15 F44
14e Rue 15 F44-45
15e Av. (LCH) 35 S45 41 T44 T45
15e Av. (LSL) 46 Y47
15e Av. (MTL) . .29 M59 N-O60 38 P-R60
15e Av. (PAT) 31 O71-72 40 P-Q72
15e Av. (RDP) 22 J-K66
15e Av. (ROX) 15 F44

15e Rue 15 F44-45
16e Av. (LCH) 35 S45 41 T44
16e Av. (LSL) 35 X-Y47
16e Av. (MTL) 29 M60 O60 38 P-Q60 R61
16e Av. (PAT) 31 O72 40 P72
16e Av. (RDP) 22 J-K66
16e Av. (ROX) 15 F44
16e Rue 15 F44 F45 18 G45
17e Av. (LCH) 35 S44-45
17e Av. (MTL) 29 M-O60 38 P-O60 Q-R61
17e Av. (PAT) 31 O72 40 P72
17e Av. (ROX) 15 F44
18e Av. (LCH) 35 S44-45
18e Av. (MTL) . .29 O61 38 P-O61 Q-R61
18e Av. (PAT) 31 O72 40 P72-73
18e Av. (RDP) 22 J-K66 30 L66
18e Av. (ROX) 15 F44
19e Av. (LCH) 35 S44-45
19e Av. (MTL) 29 N-O60 38 P60 Q61
19e Av. (PAT) 40 P73
19e Av. (RDP) 22 J66-67 K66 30 L66
19e Av. (ROX) 15 F44
20e Av. (LCH) 35 S44-45
20e Av. (MTL) 29 O60 38 P60 Q61
21e Av. (LCH) 35 S44-45
21e Av. (MTL) 29 O60 38 P60-61
22e Av. 29 O60 38 P60
23e Av. (LCH) 26 O46 35 P46 S44-45
23e Av. (MTL) . .29 M-N60 O61 38 P-Q61
24e Av. (LCH) 35 R-S45 S44
24e Av. (MTL) 29 M-N60 N-O61 38 P-Q61
24e Av. (PAT) 40 P73
24e Av. (RDP) 22 J67
25e Av. (LCH) 35 R-S45 S44
25e Av. (MTL) .29 M60-61 N61 38 P-Q61
25e Av. (PAT) 40 P73
25e Av. (RDP) 22 J-K67
26e Av. (LCH) 35 R45 S44
26e Av. (MTL) 38 P-Q61
26e Av. (PAT) 40 P73
26e Av. (RDP) 22 J-K67 30 L67
27e Av. (LCH) 35 R44-45 S44-45
27e Av. (MTL) 38 P-Q61
27e Av. (PAT) 40 P73
27e Av. (RDP) 22 J-K67 30 L67
28e Av. (LCH) 35 S44
28e Av. (MTL) 38 P-Q61
28e Av. (RDP) 22 J-K67 30 L67
29e Av. (LCH) 35 R45 S44
29e Av. (MTL) 38 P-Q61
30e Av. (LCH) 35 R44-45
30e Av. (LSL) 46 X47
30e Av. (MTL) 38 P-Q61
31e Av. (LCH) 35 R44-45
31e Av. (LSL) 46 Y46-47
31e Av. (MTL) 38 P-Q61
31e Av. (PAT) 32 N-O73 40 P73
32e Av. (LCH) 35 P45-46 R44-45
32e Av. (LSL) 46 Y46
32e Av. (MTL) 38 P61
32e Av. (PAT) 32 N-O73 40 P73
33e Av. (LCH) 35 R44
33e Av. (LSL) 46 Y46
33e Av. (MTL) 38 P61-62
33e Av. (PAT) 32 O73-74
34e Av. (LCH) 35 R44
34e Av. (LSL) 46 X47
34e Av. (MTL) 38 P62
34e Av. (PAT) 32 O73-74
35e Av. (LCH) 35 R44
35e Av. (LSL) 46 X46
35e Av. (MTL) 38 P-Q62
35e Av. (PAT) 32 O74
36e Av. (LCH) 35 R44-45
36e Av. (LSL) 46 X46
36e Av. (MTL) 38 P-Q62
36e Av. (PAT) 32 N-O73
37e Av. (LCH) 35 R44
37e Av. (LSL) 46 X-Y46

38e Av. (LCH) 35 R44
38e Av. (LSL) 46 X-Y46
38e Av. (MTL) 38 P-Q62
38e Av. (RDP) 23 J-K68 31 L68
39e Av. (LCH) 35 Q-R44
39e Av. (LSL) 46 X46
39e Av. (MTL) 38 P-Q62
39e Av. (PAT) 32 M-N73 O74
39e Av. (RDP) 23 J-K68 31 L68
39e Rue 29 M60-61
40e Av. (LCH) 35 Q-R44
40e Av. (LSL) 46 X46
40e Av. (MTL) 38 P-Q62
40e Av. (PAT) 32 M-N73
40e Rue 29 M60-61
41e Av. (LCH) 35 Q-R44
41e Av. (LSL) 46 X46
41e Av. (MTL) 38 P-Q62
41e Av. (PAT) 32 M-N73 O74
41e Av. (RDP) 23 J-K68
41e Rue 29 M60-61
42e Av. (LCH) 35 O44 R43-44
42e Av. (MTL) 38 P-Q62
42e Av. (PAT) 32 M-N73 N-O74
42e Av. (RDP) 23 J-K68
42e Rue 29 M60-61
43e Av. (DVL) 26 N-O45
43e Av. (LCH) 26 O45 35 P45 Q-R44
43e Av. (LSL) 46 X46
43e Av. (MTL) 38 P-Q62
43e Av. (PAT) 32 M-N73 N-O74
43e Rue 29 M60-61
44e Av. (LCH) 35 Q-R44 R43
44e Av. (LSL) 46 X46
44e Av. (MTL) 38 P62 39 P63
44e Av. (PAT) 32 M-N73 O74
44e Rue 29 M60-61
45e Av. (LCH) 35 O43-44 R43
45e Av. (LSL) 46 X46
45e Av. (MTL) 32 N74
45e Rue 29 M60-61
46e Av. (LCH) . . . .
. . . . . . .26 O45 35 P45 P-Q44 O43-44
46e Av. (MTL) 32 N74
46e Rue 29 M60-61
47e Av. (LCH) 35 O43-44
47e Av. (MTL) 32 N74
47e Rue 29 M60-61
48e Av. (LCH) 35 O43-44
48e Av. (PAT) 32 N74
48e Av. (RDP) 23 J-K69
48e Rue 29 M60-61
49e Av. (LCH) 35 O43-44
49e Av. (MTL) 23 J-K69
49e Rue 29 M60-61
50e Av. (LCH) 35 P44 O43-44
50e Av. (PAT) 32 N74
50e Av. (RDP) 23 J-K69 31 L69
50e Rue 29 M60
51e Av. (LCH) 35 P44 O43
51e Av. (PAT) 32 N74
51e Av. (RDP) 23 J-K69
51e Rue 29 M60
52e Av. (LCH) . .26 O44-45 35 P44 P-Q43
52e Av. (PAT) 32 M-N74 N75
52e Av. (RDP) 23 J-K69
53e Av. (LCH) 35 P44 O43
53e Av. (PAT) 32 N74
53e Av. (RDP) 23 J-K69
53e Rue 29 L60-61
54e Av. (LCH) . .26 O44-45 35 P44 O43
54e Av. (PAT) 32 N74-75
54e Av. (RDP) 23 J-K69 31 L69
54e Rue 29 L60-61
55e Av. (DVL) . .26 N-O45 O44 35 P44
55e Av. (LCH) 35 P-Q43
55e Av. (PAT) 32 N74-75
55e Av. (RDP) 23 J-K69 31 L69
55e Rue 29 L60
56e Av. (LCH) 35 P-Q43
56e Av. (PAT) 32 N75

56e Av. (RDP) 23 K69-70 31 L69
56e Rue 29 L60
57e Av. (PAT) 32 N75
57e Av. (RDP) . . .23 J-K70 K69 31 L69
58e Av. (PAT) 32 N75
58e Av. (RDP) . . .23 J-K70 K69 31 L69
59e Av. 32 N75
60e Av. (PAT) 32 N75
60e Av. (RDP) . .23 K70 31 L69-70 L-M69
61e Av. 23 K70 31 L70 L-M69
62e Av. 23 K70
63e Av. (LSL) 46 X46
63e Av. (MTL) 23 K70
64e Av. (LSL) 46 X46
64e Av. (PAT) 32 N75
64e Av. (RDP) 23 K70
65e Av. (LSL) 46 X46
65e Av. (PAT) 32 N75
65e Av. (RDP) 23 K70
66e Av. (LSL) 46 X45-46
66e Av. (PAT) 32 N75
66e Av. (RDP) 23 K70
67e Av. (LSL) 46 X45-46
67e Av. (MTL) 32 N75
68e Av. (LSL) 46 X45-46
68e Av. (MTL) 23 K70
69e Av. (LSL) 46 X45-46
69e Av. (MTL) 23 K71
70e Av. 23 K70 31 L70
71e Av. 23 K70 31 L70
75e Av. 41 W45 W46 46 X45
76e Av. 41 W45
77e Av. 41 W45
78e Av. 41 W45
79e Av. 32 M-N76
80e Av. (LSL) 41 W45
80e Av. (MTL) 32 M76
81e Av. (PAT) 32 M76
81e Av. (RDP) 23 K72
82e Av. 32 M76
83e Av. 32 M77
84e Av. 32 M77
85e Av. 32 M77
86e Av. (PAT) 32 M77
86e Av. (RDP) 31 L72
87e Av. 31 L72
89e Av. 31 L72
90e Av. 41 V46 W45
91e Av. 32 M77
92e Av. 32 M77
93e Av. 32 M77 33 M78
94e Av. (PAT) 33 M78
94e Av. (RDP) 32 L73
96e Av. 33 M78
97e Av. 33 M78
99e Av. 32 M77 33 M78
100e Av. 32 M77 33 M78
101e Av. 24 K74
127e Av. 32 L76-77
128e Av. 32 L76-77
132e Av. 32 L77
133e Av. 32 L-M77
134e Av. 32 L77

A.-A.-Desroches, Rue 39 R66-67
A.-Saint-Denis, Rue 12 C32
Abancourt, Rue d' . . .29 O62 38 P62
Abbott, Av. 43 U-V53
Abbott, Rue 27 N-O50
Abélard, Av. 48 Z53
Abercorn, Ch. 36 Q52 37 Q53
Aberdare, Ch. 37 P-Q54
Aberdeen, Av. 43 T-U53
Abord-à-Plouffe, Rue de l' . . .19 J51
Abraham-de-Sola, Av. 36 Q51
Abrams, Rue 18 K45-46
Acacias, Av. des 30 N64-65
Academy, Ch. 43 U53
Acadia, Rue (DDO) 15 F43
Acadia, Rue (LCH) 35 Q43-44

Acadia Dr. 16 G35
Acadie, Boul. de l' . . . .
. . . . . .20 K53 28 L53 N54 O55 37 P55
Acadie, Pl. de l' 28 M53
Acadie, Rue de l' 14 D-E42
Acajou, Rue de l' 27 L50
Achille-Fortier, Rue 32 O73
Achim, Rue 19 K50
Acorn, Rue (MTL) 42 V52
Acorn, Rue (PFD) 14 E38
Acorn Ridge 16 H35
Acres, Ch. 16 H36
Acres, Rue 14 D-F39 F38
Adair, Pl. 25 N41
Adalbert, Av. 36 S48
Adam, Rue (MTL) 44 T61-62
Adam, Rue (PFD) 14 D-E39
Adam, Rue (SAB) 12 D29
Adams, Av. 17 J41
Addington, Rue 42 U-V51
Addison, Rue 13 D-E36
Adelaide, Ch. 36 S50
Adhémar-Mailhiot, Av. 19 J49
Adolphe-Caron, Av. 31 L68
Adolphe-Rho, Av. 31 L68
Adrien-Hébert, Rue 22 K66
Adrienne, Rue 13 D36-37
Aesop, Boul. 17 G38
Aesop, Rue 14 E42
Aéterna, Rue 29 M62
Agincourt, Rue 13 F35
Agnès, Rue à 43 V53
Ahuntsic, Terr. 20 K55-56
Aiglon, Rue de l' 29 M61
Aiguillon, Pl. d' 19 K51
Ailleboust, Rue d' 28 O57 37 P57
Aillon, Rue d' 29 M62
Aimé-Geoffrion, Rue 23 K68
Aimé-Lecavalier, Rue . .11 B40 14 C40
Aimé-Léonard, Av. 22 J63
Aimé-Renaud, Rue 29 N-O62
Ainsley, Cr. 28 O54
Ainslie, Av. 37 R55
Ainslie, Ch. 42 T48
Aird, Av. 38 S62 44 T62
Airlie, Rue 41 U-W45
Airlie, Rue 14 D-E39
Alain, Rue 14 D-E39
Alain-Grandbois, Rue 28 M54
Albanel, Rue 30 M-N63
Albani, Rue 39 P-O64
Albareto, Rue 14 F42 17 G42
Albéric-Bourgeois, Rue 32 L73
Albéric-Gélinas, Rue 32 N74
Albert, Rue 14 C42
Albert-Brosseau, Boul. .21 J61-62 K59
Albert-Chamberland, Rue . .23 J68
Albert-Couture, Rue 46 X-Y47
Albert-Denault, Pass. 48 X53
Albert-de-Niverville, Boul. . . . . . .
. . . . .25 N42 26 M43 N43
Albert-Dreux, Pl. 19 K48 27 L48
Albert-Duquesne, Rue 21 J62 22 J63
Albert-Einstein, Rue .18 K44 K45 26 L45
Albert-Ferland, Rue 28 M53-54
Albert-Hudon, Boul. 22 J-K64
Albertine-Morin, Pl. 23 J-K68
Albertine-Morin, Rue 23 J-K68
Albert-Laberge, Rue 22 K66
Albert-Lacombe, Cr. 11 B40
Albert-Lesage, Av. 19 J49-50
Albert-Lozeau, Rue 30 M63
Albert-Malouin, Rue 39 O63
Albert-Prévost, Av. 19 J49
Albion, Rue 36 R-S50
Aldercrest, Rue 15 E-F43
Aldéric-Beaulac, Pl. 29 N58
Aldéric-Beaulac, Rue 29 N58
Aldis-Bernard, Rue 44 T62
Aldred, Cr. 36 R50
Aldred, Pl. 36 O-R50
Aldrin, Av. 36 O49

Alembert, Rue d' 23 K71
Alepin, Av. 47 X48 Y49
Alexander, Ch. 37 P53
Alexander, Rue 18 H46
Alexander-C-Hutchison, Rue . . . . . .
. . . . .32 M76-77
Alexander-Fleming, Rue 18 K44 26 L44
Alexander-Henderson, Rue . . .32 L73
Alexandra, Av. 37 P56
Alexandra, Rue 37 P56
Alexandre-Carli, Rue 31 L68
Alexandre-de-Sève, Rue . . . .
. . . . .6 G-J17 K17 44 T-V58
Alexandre-Lacoste, Rue 19 K52 27 L52
Alexina, Av. 17 H-J40
Alexis-Carrel, Av. . . . .
. . . . .22 K67 23 J-K68 30 L67
Alexis-Contant, Av. 39 P64
Alexis-Nihon, Boul. 27 L-O50
Alfred, Av. 21 J-K62 29 L62
Alfred, Rue (ANJ) 30 N66
Alfred, Rue (DDO) 14 F40
Alfred-Brosseau, Rue 30 L66-67
Alfred-de-Vigny, Av. 19 J50
Alfred-Duranleau, Rue 39 O63
Alfred-Laliberté, Av. . . . .
. . . . .19 K52 27 L52 28 L53
Alfred-Laurence, Av. . . .22 K66 30 L66
Alfred-Nobel, Av. 22 J-K67
Alfred-Nobel, Boul. .18 K44 K45 26 L44
Alfredo-F-Campo, Rue 23 K68
Alfred-Pellan, Rue 39 O64
Alfred-Toupin, Av. 30 L66-67
Algonquin, Av. 36 P52
Algonquin, Rue 14 F40
Alice-Carrière, Rue 13 F34
Alice-Nolin, Rue 28 M54
Alie, Rue 15 E43
Allancroft, Ch. 16 G-H36
Allancroft, Cr. 16 G36
Allan-Point, Av. 25 O41
Allard, Av. (DVL) 25 N42
Allard, Av. (MTN) 22 J-K64
Allard, Rue (KRK) 17 G38
Allard, Rue (MTL) . .42 W50 47 X50 Y51
Allard, Rue (PFD) 15 D43-44
Allen, Rue 48 X53
Allenbrooke, Rue 14 E42
Allet, Rue d' 29 M61-62
Alliance, Av. 18 J47 19 J48
Allion, Av. 47 X48-49 Y49
Allion, Rue 47 Y49
Allison, Rue 13 D37
Allonnes, Av. d' 30 N65
Alma, Rue (MTL) 37 P-Q57
Alma, Rue d' (PFD) 15 C43
Alouette, Rue 14 E41-42
Alpha, Rue 27 L49
Alphonse-Desjardins, Rue (IBZ) . . . .
. . . . .11 Z39-40
Alphonse-Desjardins, Rue (SLN) . . . .
. . . . .29 N62
Alphonse-D-Roy, Rue 44 T-U60
Alphonse-Gariépy, Rue 35 P46
Alphonse-Paré, Pl. 32 N74
Alphonse-Thomas, Rue 22 K65
Alpine, Av. 36 R49
Alsace, Av. de l' 30 N65
Alsace, Pl. d' 13 F37
Alsace, Rue d' 29 L-M62
Alston, Av. 17 G-H39
Alta-Vista Dr. 16 G36
Alton, Pl. 16 H36-37
Alton Dr. 16 H36-37
Alverne, Rue de l' 29 N61
Alys-Bryant, Av. 25 M42
Amalfi, Rue d' 13 D-E36
Ambassador, Av. 17 H38-39
Amberley, Av. 16 H-J37
Ambroise-Casale, Rue 44 U60
Amedeo-Modigliani, Rue . . .27 L49

Amelia-Earhart, Rue 27 L49
Amesbury, Av. 5 J-K10 43 V55
Amherst, Ch. 16 H36
Amherst, Rue 6 H-K16 44 T-U58
Amherst, Sq. 6 G-H16 44 T58
Amiens, Rue d' 21 K60 K61 29 L61
Amorosa, Rue 14 F38
Amos, Rue d' 21 K61-62
Amour, Rue d' 41 V46
Amsterdam, Rue 17 G41-42
Amyot, Rue 44 T61
Anatole-Carignan, Rue 35 Q-R45
Anchorage, Pl. 25 M41-42
Anciens-Combattants, Boul. des . .
. . . . .12 C29-30
Ancourt, Rue d' 14 D42
Anderson, Rue (MTL) . . . .
. . . . .6 J-K13 43 V56-57
Anderson, Rue (SNV) 14 D41-42
Andover, Av. 36 P49
Andover, Ch. 16 H37
Andras, Rue 18 G45
André, Av. 18 J44
André, Rue 14 C42
André-Ampère, Av. 22 K66-67
André-Arnoux, Rue 22 K65-66
André-Brunet, Ch. 17 H38
André-Cipriani, Rue 31 L68
André-Dumas, Av. 22 K67 30 L67
André-Grasset, Av. 28 M57 29 M58 N58
André-Jobin, Rue (IBZ) 11 B39-40
André-Jobin, Rue (MTL) 21 K59 29 L59
André-Laurendeau, Av. 30 N65
André-Laurendeau, Rue 38 S60
André-Mathieu, Av. 30 O67
André-Mathieu, Rue 32 N73
André-Merlot, Rue 42 W48
André-Michaux, Rue . . .23 K71 31 L71
André-Ouimet, Rue 21 K58
Angell, Av. 16 G33
Angers, Rue (MTL) 42 W51 W52 47 X51
Angers, Rue (PFD) 10 B33
Angevins, Av. des 30 O66 39 P66
Angevins, Rue des 29 O62
Angora, Rue 18 G44
Angrignon, Boul. 42 U-V49
Angus, Av. (LSL) 41 W45
Angus, Av. (SNV) 9 A30
Angus, Rue 38 S59-60
Anita, Rue 42 W48
Anjou, Rue d' 39 P67
Ann, Rue 5 L12 43 V-W56
Anna-Paquin, Rue 22 K66
Anse, Rue de l' 14 C-D39
Anse-à-l'Orme, Ch. de l' . . . .
. . . . .10 B33 13 D33-34
Anse-aux-Chênes, Rue de l' . .14 C42
Anselme-Baril, Av. 23 K69
Anselme-Lavigne, Av. 14 E41-42
Anselme-Lavigne, Rue 15 E43-44
Anthime, Rue 14 E38
Anthony, Rue 18 H46
Antibes, Rue 29 M61
Antioche, Pl. d' 39 P65
Antoine-Bazinet, Rue 32 N75
Antoine-Berthelet, Av. 19 J49
Antoine-Chaudillon, Rue 32 M77
Antoine-Déat, Rue 28 M57 29 M58
Antoine-Faucon, Rue . .13 D35 E36-37
Antoine-Villeray, Rue 13 F34
Antonine-Maillet, Av. 37 Q-R55
Antonio-Barbeau, Rue 28 N54
Antonio-Dagenais, Rue 29 O62
Antonio-DiCiocco, Rue 39 P64
Anvers, Av. d' 28 O55
Anwoth, Ch. 5 G7 43 U53
Appalaches, Rue des 27 L50
Appin, Av. 37 P54
Apple Blossom, Rue 13 E37
Applebee, Av. 17 J38
Applegrove, Rue 15 F43

Apple-Hill, Rue 12 E32 F31-32
Appleton, Av. 37 Q53
Applewood, Cr. (BCF) 16 G36-37
Applewood, Cr. (HMS) 36 R50
Applewood, Rue 36 R50
April, Rue 31 N-O72
Aqueduc, Rue de l' 5 L10 43 V55
Aquila, Rue 14 C42 15 C43
Aquin, Rue 43 V53
Aragon, Rue (PFD) 14 D42
Aragon, Rue d' (MTL) 42 W50-51
Aramis, Rue 29 N61
Arbres, Rue des 15 C43
Arcade, Rue 37 R56-57
Arcadian, Ch. 35 S47
Arcand, Rue 39 R65
Ardenay, Av. 30 O66
Ardennes, Rue des 21 J-K62
Ardwell, Av. 37 P55
Aréna, Av. de l' 39 P66
Argenson, Rue d' (MTL) .5 L7 43 W54
Argenson, Rue d' (PAT) 31 O72
Argenteuil, Pl. d' 19 K51
Argenton, Av. 30 O66
Argyle, Av. (MTL) 5 K10 43 V55
Argyle, Av. (WMT) 5 G7 43 T-U53
Argyle, Rue (KRK) 14 F38-39
Argyle, Rue (VRD) 47 X-Y51
Arles, Rue d' 29 N61
Arlington, Av. 42 U52 43 U53
Arlington, Cr. 13 F35
Armand, Terr. 17 K39
Armand-Bombardier, Boul. 22 K66-67
Armand-Chaput, Av. 18 L-M72
Armand-Lavergne, Av. 21 J-K61 29 L61
Armand-Vanasse, Rue 32 M75
Armel, Rue 41 V47
Armenia, Rue 18 G43
Armstrong, Av. 36 O49
Armstrong, Rue 14 E-F41
Arnold, Av. 15 E-F44
Arnold, Rue 13 E37
Arras, Rue d' 30 M63
Arrowhead, Av. d' 17 J40-41
Ars, Rue d' 29 M62
Arthur, Rue 14 F40
Arthur-Baraud, Rue 22 K67 23 K68
Arthur-Buies, Av. 21 K62 22 K63
Arthur-Buies, Pl. 39 R-S67
Arthur-Buies, Rue 39 R67
Arthur-Champoux, Rue . . .21 K60-61
Arthur-Chevrier, Rue 22 J63-64
Arthur-Courtois, Av. 22 K67
Arthur-Généreux, Rue 32 M75
Arthur-Hooper, Rue 13 D36-37
Arthur-Léveillé, Rue . . .22 K65 30 L65
Arthur-Lismer, Rue 28 M54
Arthur-Nantel, Av. 30 L66
Arthur-Pecteau, Rue . . .25 N42 26 N43
Arthur-Péloquin, Rue 29 N61
Arthur-Vallée, Pl. 20 K53
Arthur-Villeneuve, Rue . . .27 L49-50
Artisans, Rue des 29 N62 30 N61
Arundel, Pl. 30 O66
Ash, Av. (DVL) 34 P41
Ash, Av. (MTL) 48 X54-55
Ash, Rue 18 G44
Ashburton, Cr. 25 O41
Ashby, Rue 27 M48-49
Ashdale, Av. 36 S48
Ashgrove, Av. 17 K39-40
Ashington, Av. 17 H38
Ashkelon, Cr. 36 Q49
Ashley, Ch. 16 H37
Ashton, Pl. 16 H34-35
Ashton, Rue 28 M53
Aspen, Rue 14 E42
Asselin, Rue 29 M62
Assise, Rue d' 29 N61
Assomption, Boul. de l' . . .39 P-S63
Astoria, Av. 17 K38

Athena, Rue 15 E43-44
Atherton, Rue 36 P52
Athlone, Ch. 28 O53 37 P53
Athole, Av. 41 U45
Atlantic, Av. 37 Q56
Atlas, Rue 14 E38
Atwater, Av. . . . .
. . . . . . .5 G9 K58 L7 43 U-W54 W53-54
Auban, Rue 13 D35-36
Aubert, Rue 30 O63 39 P63
Aubigny, Av. d' 39 P65-66
Aubin, Rue 21 J62 22 J63
Aubry, Rue (MTL) 40 Q68
Aubry, Rue (PFD) 13 D35
Audoin, Av. 21 K59 29 L59
Audubon, Rue (DDO) 18 H44-45
Audubon, Rue (KRK) 13 E35-36
Auger, Av. 22 K63-64
Augier, Rue 38 P58-59
Augusta, Av. 17 J41
Auguste-Laurent, Av. . . .22 J67 23 J68
Auguste-Piccard, Av. 22 K66
Augustin-Cantin, Rue 43 W54
Augustin-Frigon, Rue 38 S60
Aulnes, Av. des 11 B42-43
Aumais, Rue (PFD) 14 D40
Aumais, Rue (SAB) 12 C32 13 C33
Aumont, Rue 36 S51
Aunis, Rue d' 29 N62
Aurèle-Allard, Rue 29 N58
Aurora, Av. 17 H-J39
Auteuil, Av. d' 28 L55 L-M56
Auteuil, Rue d' 14 E39
Authier, Rue 27 O50
Authion, Av. de l' 39 P-Q65
Auto Plaza, Av. 17 G40
Autumn, Rue 14 F41
Avalon, Rue 14 D38
Aviation, Ch. de l' 17 J42
Aviation, Rue de l' 18 J-K43
Avila, Rue d' 39 P63
Avila-Legault, Av. 25 L-M41
Avoca, Av. 26 N-O44
Avon, Ch. 42 U48
Avon, Rue 13 E37
Avondale, Pl. 16 H-J36
Avondale, Rue 15 E-F43
Avonmore, Av. 36 S51
Avrillé, Av. 30 O65-66
Avro, Av. 17 J41-42 18 J43
Aylmer, Rue 6 G-J13 43 T-U56
Aylwin, Rue 38 S61 44 T61
Azilda, Av. 30 O67

Badeaux, Rue 27 N-O50
Baderwood, Rue 14 E42
Badgley, Av. 36 Q52
Baffin, Rue 14 E-F41
Bagg, Rue 43 T57
Bagot, Rue 38 P60
Baie-de-Valois, Av. de la . . . .
. . . . .17 K40-41 25 L40
Baile, Rue 5 J7 J9 43 V54-55
Baillargé, Rue 39 R67
Baily, Ch. 36 R49-50 S48
Baker, Rue 19 K49-50
Baldwin, Av. (ANJ) 30 O66-67
Baldwin, Av. (ROX) 15 E-F44
Baldwin, Rue 39 P-R67
Balfour, Av. 37 P54
Balko, Rue 14 E40
Ball, Av. 37 P55
Ballantyne, Av. 36 S48 42 T-U48
Ballantyne, Terr. 25 O41-42
Balmoral, Av. 13 F35
Balmoral, Rue (MTL) 6 J13
Balmoral, Rue (PFD) 15 C43
Balmoral, Rue (SLR) 27 O51-52
Balsam, Av. 25 O41 34 P41
Balsam, Rue 12 F32

Baltique, Rue de la 27 L50
Balzac, Av. 21 J-K61 29 L61
Balzac, Rue 14 D-E40
Bancroft, Av. 17 H42
Banff, Rue 15 E-F43
Bannantyne, Rue 47 X52 X-Y51
Bannister, Av. 17 H40
Bannon, Rue 47 X-Y49
Banstead, Ch. 35 S47
Banting, Ch. 36 R48-49
Bapaume, Rue 29 N61
Barabé E., Cr. 11 Y-Z40
Barabé O., Cr. 11 Y-Z40
Barat, Ch. 5 H8 43 U54
Barbeau, Rue (SGV) 14 C-D38
Barbeau, Rue (SLN) 29 M62
Barberry, Rue 17 G41
Barclay, Av. 36 Q-R52 37 Q54
Bardet, Rue 27 M-N50
Barette, Rue 11 B41-42
Baribeau, Rue 46 X47
Barnabé-Larocque, Rue 29 N58
Barnes, Rue 19 K50
Barnett, Rue 14 E-F40
Baron, Pl. 13 F35
Baron, Rue 29 O61
Baronscourt, Ch. 36 R50-51
Barr, Rue 27 O48
Barré, Rue (MTL) 5 L10-11 43 V-W55
Barré, Rue (SLR) 27 M52
Barrette, Rue 38 R58
Barrière, Rue 6 G16 44 T58
Barrington, Rue 14 D39
Barry, Rue du 13 F37
Barthélemy, Rue 22 K66 30 L66
Barton, Av. 37 P54-55
Barton, Rue 14 F41
Bas-Contour, Ch. du 44 V59
Basile-Moreau, Rue 27 N52
Basile-Patenaude, Rue 38 R59
Basile-Routhier, Rue .20 K56 28 L-N56
Basin, Rue 5 J9 43 W55
Basset, Rue 6 G13-14 43 T57
Basswood, Av. de 17 K38
Basswood, Ch. 16 G33
Basswood, Rue 18 H45-46
Bastien, Rue (IBZ) 11 B40
Bastien, Rue (PFD) 15 D43
Bastille, Pl. de la 18 G44
Bastogne, Rue de 29 L62
Bates, Ch. 27 Q54 Q55
Bathurst, Av. de 17 K38
Batture, Av. de la 30 L-M64
Baubigny, Rue de 13 C36
Baudelaire, Av. 29 O61
Baudrière, Av. 30 N64
Baunard, Rue 38 P62
Baxter, Rue 42 W48 47 X48
Bayard, Rue 37 Q53
Bayeaux, Pl. 30 O66
Bayne, Rue 41 W45
Bayne, Terr. 41 W45
Bayonne, Rue 14 E-F39
Bayonne, Rue de 21 K61-62
Bayside, Rue 15 E-F43
Bayview, Av. 17 K38-39
Bayview, Rue 18 G45
Beacon, Ch. 16 G36-37
Beacon Cir. 16 G36
Beacon-Hill, Ch. 16 H36-37
Beaconsfield, Av. 36 S50 42 T-U50
Beaconsfield, Boul. . .16 G33 H35-36
Beaconsfield Ct. 16 H35
Beaminster, Pl. 36 R52
Beamish, Pl. 14 C-D42
Beamish, Rue 14 C42
Béarn, Rue du 30 N63
Beatty, Rue 47 X-Y51
Beaubien, Pl. 39 P63
Beaubien E., Rue
. . . . . .37 Q57 38 P-Q62 Q58-60 39 P64

Beaubien O., Rue 37 Q56
Beaubois, Rue 13 D34-35
Beau-Bois, Av. du 19 J-K49
Beau-Bois, Cr. du 19 J-K49
Beau-Bois, Pl. du 19 J49
Beauce, Terr. de la 41 W45
Beauchamp, Rue 41 U45
Beauchamps, Rlle 44 T62
Beauchatel, Av. 22 J66
Beauchemin, Rue (IBZ) . . .11 B41-42
Beauchemin, Rue (MTL) . .38 P61-62
Beauchesne, Pl. 39 P60
Beauchesne, Rue . . .29 O62 30 O63
Beauclerk, Rue 39 R65 S65-66
Beaucourt, Rue 36 R52
Beaucourt, Rue de 22 K63-64
Beaudet, Pl. 27 N50
Beaudet, Rue (IBZ) 11 Z40
Beaudet, Rue (SLR) 27 N50-51
Beaudin, Rue 21 J61
Beaudoin, Rue (MTL) 43 V-W53
Beaudoin, Rue (PAT) 32 M-N76
Beaudoin, Rue (SLR) 19 J49
Beaudry, Rue (MTL) . . .6 G-J16 44 U58
Beaudry, Rue (PAT) 32 N73-74
Beaufort, Rue 14 E42
Beaufort, Rue de 30 O65
Beauharnois, Rue de 28 N55-56 N-O54
Beaujeu, Pl. de 39 R66
Beaujeu, Rue de 38 P59
Beaujolais, Rue du 14 F38
Beaulac, Rue 27 M-N49
Beaulieu, Rue (IBZ) 11 B41
Beaulieu, Rue (MTL)
. . . . .42 W50 W51 47 X50
Beaulieu, Rue (SGV) 14 D38
Beaulieu, Rue (SLR) 27 M-N51
Beaumarchais, Rue 31 L71
Beaumont, Av. 37 Q55-56
Beaumont, Rue 13 F36
Beauport, Rue de 41 W46
Beaurepaire Dr.
. . . . . .13 F33-34 16 G-H35 H36 J36-37
Beaurivage, Rue de . . .39 Q66 S66
Beauséjour, Rue 19 J-K50
Beausoleil, Rue 32 M-N76
Beauvais, Rue 28 M53
Beauvais, Rue de 30 O63
Beauvoir, Rue 29 N61
Beauzèle, Rue 19 K50
Beaver-Hall, Côte du
. . . . .5 K12 6 K13 43 V56
Bécancour, Rue de 19 J49-50
Béchard, Rue 44 T62 45 T63
Becket, Rue 14 D38
Béclard, Rue 30 M65
Becquets, Rue des . . .38 P62 39 P63
Bédard, Rue (LSL) 41 V46
Bédard, Rue (PFD) 13 D37
Bedbrook, Av. 41 T47
Bedford, Ch. de 37 O53-54
Bedford, Rue (BDU) 12 E31
Bedford, Rue (PFD) 14 D42 15 D43 E43
Beechnut, Av. 17 H-J38
Beechwood, Rue (BDU) 12 F32
Beechwood, Rue (DDO) 14 E42 15 E43
Beethoven, Av. 36 Q49
Bégin, Rue (IBZ) 11 B42
Bégin, Rue (MTL) 37 S53
Bégin, Rue (SLR) 27 M-N48
Béique, Rue (MTL) 19 J50
Béique, Rue (LSL) 41 W46
Bel-Air, Rue 5 J-K7 43 V53
Bel-Air Dr. 25 N42
Bélair, Rue (IBZ) 11 Y38
Bélair, Rue (MTL) 38 P59-60
Bélair, Rue (PFD) 15 E45
Béland, Ch. 36 S49
Bélanger, Av. 41 V45
Bélanger, Rue 37 P57 Q56-57 38 P58-60

Bélanger E., Rue .30 O64-65 38 P61-62
Belcourt, Pl. 14 E42
Belcourt, Rue (DDO) 15 F43
Belcourt, Rue (SLN) 30 M63
Bélec, Av. 46 X47
Belfield, Pl. 36 R51
Belfrage, Ch. 42 T52
Belfroy, Av. de 30 N65
Belges, Av. des 28 N-O57
Belgrave, Av. 42 U50-51
Belherbe, Rue 30 M63
Béliveau, Rue 44 T61
Bellanger E., Rue 39 P63
Bellarmin, Rue . . .28 N-O56 O55-56
Belleau, Rue 30 M-N63
Bellechasse, All. de 38 Q60-61
Bellechasse, Rue de
. . . . . . .37 Q57 38 Q58-59 Q61-62 39 Q63
Bellefeuille, Rue 14 F41
Bellefeuille, Rue de 30 O63
Bellefleur, Pl. 20 K54
Bellefontaine, Pl. . .30 O66 39 P66
Bellerive, Cr. 14 C40
Bellerive, Pl. 14 C-D40
Bellerive, Rue (MTL)
. . . . .33 M78 39 R67 40 R68
Bellerive, Rue (PAT) . .32 N-O75 O74
Bellerive, Terr. (DVL) . .25 O42 34 P42
Bellerive, Terr. (MTL) . .32 M77 33 M78
Bellerose, Rue 14 F39
Belleval, Rue 20 K54
Belleville, Av. de . .21 J-K60 K59 29 L59
Belleville, Pl. 14 D42
Bellevois, Av. 21 J-K61 29 L61
Bellevue, Av. (PCL) 17 J38
Bellevue, Av. (WMT) 43 T53
Bellevue, Rue (IBZ) 11 B41-42
Bellevue, Rue (MTL) 32 M-N76
Bellevue, Rue (PFD) 15 E45
Bellwood, Pl. 25 N41
Belmont, Av. (PCL) 17 K39-41
Belmont, Av. (WMT) 42 T52
Belmont, Cr. 43 T-U53
Belmont, Rue (MTL) . . .5 K12 43 V56
Belmont, Rue (PFD) 15 E-F45
Belmont, Rue de 30 L-M63
Belmore, Av. 36 S49 42 T49
Beloeil, Av. 37 R55
Belsize, Ch. 36 R50
Belton, Av. 17 J-K38
Belvédère, Av. du 30 M64
Belvédère, Ch. 43 T53-54
Belvédère, Pl. 43 T53-54
Belvédère, Rue du 15 E-F45
Belvédère Cir. 43 T54
Bénard, Rlle 44 T62 45 T63
Bénêche, Rue 13 D36-37
Benjamin-Franklin, Rue 22 K67
Benjamin-Hudon, Rue .28 N53-54 O53
Benjamin-Sulte, Rue . .27 L52 28 L53
Bennett, Av. 38 S62 44 T62
Benny, Av. 42 T-U50
Benny, Cr. 42 U50
Benoit, Carré 28 O53
Benoit, Rue (PFD) 14 D39-40
Benoît, Rue (KRK) 14 F38
Benoît, Rue (LSL) 41 V47
Bérard, Rue 5 L7 43 V-W53
Bercy, Rue 44 T-U60
Beresford, Av. 48 X54
Berge, Cr. de la 30 M64
Berge-du-Canal, Rue de la
. . . . .41 U47 42 U48
Berger, Rue 6 J14 43 U57
Bergerac, Rue 21 K59
Bergerac, Rue de 15 D43-44
Bergères, Rue des 11 B40
Bergeron, Pl. 18 G46
Bergevin, Pl. 19 K49
Bergevin, Rue 41 U45-46
Berkeley, Cir. 25 N42

Berkeley, Pl. 25 N41-42
Berkshire, Av. 13 F35
Berkshire, Rue 14 F28
Berlinguet, Rue 39 P67
Berlioz, Rue 48 Z53-54
Bermuda Dr. 16 G36
Bernadette, Rue 6 J-K15 43 U57 44 U58
Bernard, Av. 37 R55-56
Bernard, Pl. 37 R56
Bernard, Rue 41 V47 42 V48
Bernard E., Rue 37 R57
Bernard O., Rue 37 R56
Bernard-Mergler, Cr. 36 Q50
Berne, Rue 13 F36
Bernie, Rue 41 W47
Bernières, Rue de (MTL) 37 Q53
Bernières, Rue de (SLN) . . .29 M-N62
Berri, Rue 6 G-K15 28 L-N56 O57
. . . . . . .37 R57 S57 43 T57 U57 44 U58
Berry, Rue 15 C-D43
Berté, Rue 28 L53
Berthe, Rue 13 D35
Berthe-Louard, Av. 28 M57
Berthier, Rue 6 H17 44 T58
Bertin, Av. 30 O65
Bertrand, Rue (SGV) 14 D40
Bertrand, Rue (SLR) 27 N50
Bérubé, Rue 37 S56
Berwick, Av. 36 Q52 37 Q53
Berwick, Cr. 36 Q52
Berwick Dr. 16 G37
Bessborough, Av. 36 S49 42 T50
Bessette, Rue 18 K46
Besson, Rue (IBZ) 11 B40 14 C40
Besson, Rue (PFD) 14 E38
Bethune, Rue (WMT)
. . . . .42 U-V52 43 U-V53
Béthune, Rue (KRK) 16 G-H37
Beurling, Rue 47 X50-51
Beverley, Av. 37 P54-55
Bexhill Dr. 16 H37
Beyries, Rue 46 X46
Beysse, Rue 14 D38
Bibaud, Rue 37 R57
Bibeau, Rue 13 C-D37
Bichat, Av. 39 P65
Biencourt, Rue de 42 W51 47 X51
Bienville, Rue de 37 S57 38 S58
Biermans, Av. 36 S50
Bigras, Rue 11 A42
Bilaudeau, Av. 40 Q68
Billeron, Rue 27 M50
Biloxi, Rue de 38 Q62
Birch, Av. 34 P41
Birch, Cr. 13 F34
Birch, Rue 14 E38
Birch Hill, Rue 12 F32
Birchview, Pl. 25 M42
Birchview, Rue 15 F43
Biret, Rue 19 K49
Birkdale, Rue 14 E-F41
Birnam, Rue 28 M54 O55 37 P55
Biroleau, Rue 13 E37
Bisaillon, Rue 39 Q67
Biscaye, Rue 14 E40
Biscayne, Av. 16 G36-37
Bishop, Rue (BCF) . . .13 F34 16 G34
Bishop, Rue (MTL) . . .5 J10 43 U-V55
Bishop, Rue (PFD) 14 D40
Bishop-Power, Boul. 47 X-Y48
Bisley, Rue 16 H37
Blaignier, Rue 14 D38
Blain, Pl. 30 O66
Blainville, Rue de 30 N63
Blais, Terr. 46 Y47
Blaise, Pl. 11 B40 14 C40
Blaise-Pascal, Av. 30 L66
Blake, Rue 5 K8-9 43 V54
Blanchard, Av. 5 K8-9 43 V54
Blanche, Rue 15 F43
Blarberry, Pl. 17 G41

Bleau, Av. 22 J64
Bleignier, Rue 28 M53
Blenheim, Pl. 43 U-V53
Bleury, Rue de 6 J-K13 43 U-V56
Blois, Rue de 29 N61
Blomidon, Rue 29 M61-62
Blondin, Rue (PFD) 15 D44
Blondin, Rue (SLN) 30 O63 39 P63
Bloomfield, Av. 28 O55 37 P55 Q-R56
Blossom, Av. 35 R47
Blouin, Rue 11 A42
Blue Haven, Rue . . .14 F40 F41 17 G40
Bluejay, Rue 14 E42
Blueridge Cr. 43 T54
Blythwood, Rue 17 G41
Boa, Passage 28 M53
Bocage, Av. du 39 P-Q65
Bocage, Rue 19 J51
Bocage, Rue du 14 C41-42
Bodinier, Av. 30 O65-66
Bohlé, Pl. 20 J53
Bohlé, Rue 19 J52 K52 20 J53 K53
Boileau, Rue (MTL) 39 R63-64
Boileau, Rue (PFD) 14 D39
Boisbriand, Rue de .6 J14-15 43 U57
Bois-Brillouse, Av. 39 P65
Boischatel, Rue 29 O62
Boischatel, Rue de 14 E38-39
Bois-de-Boulogne, Av. de
. . . . .20 J-K53 28 L53 L-M54
Bois-de-Coulonge, Av. 39 P66
Bois-de-Coulonge, Pl. 39 P65-66
Bois-des-Trottier, Rue du 14 C42
Boisé, Av. du 37 R54
Boisé, Rue du 18 G45
Bois-Franc, Ch. du . .18 K46-47 27 L48
Bois-Francs, Rue des 31 O72
Boisjoli, Rue 18 G-H45
Boismenu, Rue (IBZ) 11 Z42
Boismenu, Rue (MTL) 21 K59
Boissier, Rue 28 L53
Boissonnault, Rue 30 L-M63
Boisvert, Rue 41 T-U47
Boivin, Rue (IBZ) 11 B40
Boivin, Rue (LSL) 41 W45-46
Bolduc, Rue 40 Q68
Bolton, Av. 16 G35
Bombardier, Rue 30 M63-66
Bonaventure, Aut. 48 Y55-56
Bonaventure, Rue 5 K10 43 V55
Bonaventure, Rue de 16 G36
Bonavista, Av. 42 T52
Bonavista, Ch. 42 T52
Bon-Conseil, Rue du 29 N62
Boniface, Rue 14 E-F39
Bonin, Rue 27 M-N50
Bonneau, Rue 6 K-L15 44 V58
Bonneville, Rue 42 M64
Bonnier, Rue 46 Y47 47 Y48
Bonnivet, Rue 30 M-N63
Bonny, Rue 18 H46
Bonpart, Pl. 30 O63 39 P63
Bonsecours, Rue 6 K-L15 43 V57 44 V58
Bord-de-l'Eau, Rue 14 C39
Bord-du-Lac, Ch. (DVL)
. . . . .25 M40-41 N41 34 P42 35 P43
Bord-du-Lac, Ch. (IBZ)
. . . . .10 Y37 11 Y38 Z39-42
Bord-du-Lac, Terr. 25 O41-42
Bord-du-Lac Lakeshore, Ch. du
. . . . . . .16 K37 17 K38 K39 25 L38 L39
Bordeaux, Rue de
. . . . .6 G-H18 29 O58 38 P-O58 R-S59
Borden, Av. 36 R49 S50 42 T50
Borden, Pl. 42 T50
Borduas, Rue 47 Y48
Boreau, Av. 30 O65-66
Bosquet, Rue du 14 E38-39
Bossuet, Av. 22 K63
Bossuet, Pl. 39 R64
Bossuet, Rue .39 O63-64 R-S64 45 T64

Botanistes, Prom. des   .23 K71 31 L71
Botham, Rue 18 K47
Botrel, Rue 42 T-U51
Bouchard, Boul. 26 O43 35 P43
Bouchard, Rue 13 C-D37
Boucher, Rue 37 R57 38 R58
Boucherville, Pl. de 39 O66
Boucherville, Rue de . .39 Q65-66 S66
Bouchette, Rue (IBZ) 11 B40
Bouchette, Rue (MTL) 36 Q52
Boudard, Rue 30 O63
Boudrias, Rue 27 O51
Bougainville, Rue 36 P51
Bougie, Rue 28 M53
Boulance, Imp. de la 30 M64-65
Bouleaux, Av. des 39 O63
Bouleaux, Rue des 31 O72 40 P72
Boulevard 42 T52 43 T53-54
Boulevard, Le 15 F45
Boulevard, The 42 T52 43 T53-54
Boulianne, Rue 44 T62
Boulogne, Rue de 13 C36
Bourassa, Rue (MTL) 42 V52
Bourassa, Rue (PFD) 15 C-D43
Bourbonnais, Rue 41 V46
Bourbonnière, Av. . . .38 Q-S61 44 T61
Bourdages, Rue 29 N-O61
Bourdaloue, Rue 30 O63
Bourdeau, Rue 46 X47 47 X48
Bourdeau, Terr. 47 X48-49
Bourdon, Rue 27 O50-51
Bourdon, Terr. 14 C38
Bourg, Rue 26 O47
Bourgeoys, Rue 48 X55
Bourget, Av. 31 N68
Bourget, Boul. 30 O67 31 O68
Bourget, Rue (MTL) . . .5 J-L7 43 V-W53
Bourget, Rue (SGV) 14 D40
Bourgjoly, Rue 29 M62
Bourgneuf, Av. 30 O65
Bourgogne, Rue 14 F38-39
Bourgoin, Rue 27 M-N50
Bourke, Av. 35 P43
Bourque, Rue 6 J14 43 U57
Bourret, Av. 36 R51-52
Boursier, Rue 41 W47
Bousquet, Rue 6 G15 G16 44 T58
Boutet, Pl. 39 R64
Bouvier, Rue 46 X47 47 X48
Bouvret, Rue 39 R64
Bovis, Av. 18 H43
Bowling Green, Av. 16 K37
Boyer, Av. 41 T-U47
Boyer, Cr. 11 B40
Boyer, Rue (DDO) 14 F40
Boyer, Rue (MTL)
. . . . .28 O57 37 P-Q57 38 R-S58
Boylan, Av. 35 P-Q43
Brabant-Marineau, Rue 18 K47
Bradford, Pl. 36 R52
Brady, Rlle 6 J-K14 43 V57
Brady, Rue 39 S64
Braebrook, Av. 17 J39-40 J41
Braeside, Pl. 43 T53
Braeside, Rue 14 F42
Brahms, Rue 14 F41
Braille, Rue 36 Q52
Brais, Av. 16 H34
Brandeis, Av. 36 Q49
Brandon, Cr. 35 P45
Bras-d'Or, Av. du 17 J40-41
Brassard, Rue 43 W53
Brault, Rue 47 Y51
Brayer, Rue 11 B39-40
Brazeau, Rue 6 H-J15
Brazier, Rue 29 M61-62
Breault, Rue 15 C43
Brébeuf, Rue de 38 S58
Breckenridge, Rue 14 F39-40
Breezeway, Av. 25 M41
Brennan, Rue 43 W56

Brentwood, Av. 25 M41
Brentwood, Ch. . .12 F32 13 F33 16 G32
Brentwood, Rue 14 E42
Breslay, Ch. de 5 G-H8 43 U54
Brésoles, Rue de 6 L14 43 V57
Bressani, Av. . . .29 L59-60 M59 M61
Bretagne, Av. de 30 M-N65
Bretagne, Rue 29 N61
Breton, Rue 14 D38
Breton Woods 16 G33-34
Bretonvilliers, Av. de 28 M57
Brewster, Av. 5 J-K7 43 V54
Brewster, Rue 35 R43
Brian, Rue 13 E37
Briand, Rue 42 W51 47 X50
Briar, Ch. 36 R48
Briardale, Ch. 36 S50
Briarwood, Rue 15 E43
Bridge, Rue 43 W55 48 X56
Bridgewood Ct. 13 D-E34
Bridle Path 42 T52
Brien, Rue 13 E35
Brigadoon, Av. 17 H39
Brigantine, Rue 14 F38
Brighton, Av. de 37 R53-54
Brighton Dr. 13 F36 16 G35
Brillon, Av. 42 T51-52
Brises du Fleuve, All. 48 Y53
Brissac, Rue 39 P66
Brisset, Rue 42 W51-52
Bristol, Rue de 14 E41-42
Brittany, Av. 28 O53-54
Brittany, Rue 12 F31
Broadview, Av. . . .17 J41 K40 25 L40
Broadway, Av. 40 P70-71
Broadway, Rue (LCH) 35 R44
Broadway, Rue (LSL) 47 X-Y48
Broadway-Nord, Av. 31 M-N69
Brochu, Rue 28 M53
Brock, Av. 36 S48 42 T-U48
Brock, Av. de 17 H39
Brock, Rue 42 W52
Brockwell, Av. 35 P-Q43
Brodeur, Av. 42 T51
Brodeur, Rue 13 D37 14 D38
Brome, Rue de (LSL) 41 V45
Brôme, Rue de (KRK) 13 D34
Brook, Rue 15 C43
Brookdale, Av. 25 M41
Brooke, Av. 5 J8 43 V54
Brookfield, Av. 37 P55 Q54
Brookhaven, Av. 25 M41
Brookside, Av. (BCF) 16 G-H34
Brookside, Av. (CSL) 36 R48
Brossard, Rue 39 P63
Brosseau, Rue 41 V45
Brouage, Rue de 39 R67
Broughton, Ch. 41 T47 42 T48
Brousseau, Rue 21 K58
Brown, Av. 47 X50 X-Y51
Brown, Rue (LSL) 41 W46-47
Brown, Rue (PFD) 13 D37
Brown, Rue (SAB) 12 D29
Brown Owl La. 16 H36
Browning, Rue (DDO) 14 F41
Browning, Rue (LSL) . . .41 W47 42 W48
Bruce, Av. 5 J7 43 V53-54
Bruce, Ch. 17 H38
Bruchési, Av. 21 K58 29 L58 L-M59
Brucy, Rue 30 O63
Brunante, Av. de la 37 R54
Brunet, Av. (DVL) 25 O42
Brunet, Av. (MTN) 21 J-K62 29 L62
Brunet, Av. (PCL) . .16 J37 K37 17 J38
Brunet, Pl. 13 E37
Brunet, Rue (PFD) 15 D-E44
Brunet, Rue (SLR) 27 N-O50
Brunetière, Rue 30 O63
Brunswick, Boul. 13 E-F36 14 F38
. . . . . .17 G38 G39-41 G-H42 18 H43-44
Brunswick Cr. 16 H35

Brunswick Dr. 16 H35
Bruton, Ch. 19 J50
Bruton, Rue 16 H36-37
Bruxelles, Av. de . . .21 J-K60 29 L60
Bruxelles, Rue de 39 R-S66
Bruyères, Cours des 48 Z54
Brynmor, Av. 22 U48
Buade, Rue 10 C63
Buchan, Rue 36 Q51-52
Buchanan, Rue 27 N51
Buckingham, Av. 17 H40
Budge, Rue 13 E35-36
Buffon, Rue 23 K71-72
Buies, Rue 29 O61
Buisson, Pl. du 15 E44
Buisson, Rue du 11 B40
Bullion, Rue de
. . . . . .6 G-H14 J-K14 37 S57 43 T-V57
Bulmer, Av. 42 U52
Bureau, Av. 38 S58
Bureau, Rue (MTN) 33 M78
Bureau, Rue (PAT) . . .32 O74 40 P74
Burel, Rue 29 O61-62
Burelle, Rue 37 Q57
Burgess, Rue 14 D40-41
Burgundy, Rue 12 F31
Burke, Rue (DDO) 18 G45
Burke, Rue (MTL) 6 H13 43 U56
Burns, Rue (BCF) 16 G-H34
Burns, Rue (DDO) 14 E39-40
Burton, Av. 42 U52
Butler, Rue 43 W54 48 X54
Butternut, Rue (DDO) 14 E-F42
Butternut, Rue (MTL) 42 W52
Buttonwood, Rue 14 E42
Byron, Rue 14 D-E40
Byron, Rue 36 S51

C.-A.-Jobin, Rue 29 N62

Cabano, Rue de 41 W45
Cabernet, Rue 14 F38
Cabot, Rue (MTL) 42 W52
Cabot, Rue (PFD) 14 D39
Cabourg, Rue de 13 D36
Cabrini, Rue 39 P63
Cadieux, Av. 21 K59
Cadillac, Rue (KRK)
. . . . .16 G37 G-H36 17 G38
Cadillac, Rue (PFD) 14 C42
Cadillac, Rue de 39 O63-64 S64 45 T64
Cadman, Rue 18 G44
Cadot, Rue 44 U59-60
Cageux, Boul. des . .13 D36-37 E36
Cageux, Pl. des 11 Y-Z41
Cageux, Rue des 13 C-D37 D-E36
Cairns, Av. 39 P65-66
Caisse, Rue 48 X53
Calais, Av. 26 O44
Calais, Rue (BDU) 12 F31-32
Calais, Rue (KRK) 17 H38
Caldwell, Av. 36 Q-R48
Calèche, Rue de la 13 C36
Caledonia, Av. 25 N41-42
Caledonia, Ch. 37 P53
Calfats, Rue des 18 H46
Calixa-Lavallée, Av. . . .6 G17 44 T58
Callas, Rue 15 E44
Callière, Rue de 6 L13 43 V57
Calumet, Rue 18 H44
Cambrai, Pl. 37 R55
Cambridge, Ch. 28 O53 37 P53
Cambridge, Rue (BDU) 12 E29-30
Cambridge, Rue (SLR) 27 L51
Cambridge, Rue de . .16 H37 17 H38
Camélias, Rue des 48 Y54
Cameron, Av. de 17 J41
Cameroun, Rue du 14 D42
Camille, Rue (LCH) 41 U47
Camille, Rue (MTL) 18 J47
Camille-Paquet, Av. 28 L57

Camille-Tessier, Av. 22 K66
Camillien-Houde, Voie . .37 S56 43 T55
Camirand, Rue 15 D43
Campbell, Av. (DVL) 25 L41-42
Campbell, Av. (MTO) 42 T48
Campden, Pl. 36 R52
Campion, Rue 6 J18 44 U59
Canadien-Pacifique, Rue du . .38 S60
Canal, Ch. du 41 T44-45
Canal, Rue du 43 W55
Canary, Av. 25 M40-41
Candes, Av. 30 O66
Candiac, Rue de 29 O62 38 P62
Cannes, Rue 17 G41
Cannes, Rue de 29 O62 38 P62
Cannes-Brûlées, Rue de . .42 V-W48
Canning, Rue 5 K9 L9 43 V-W54
Canora, Ch. 28 O53 37 P53 P-Q54
Canots, Av. des 17 J41
Canseau, Rue de 30 N63
Canterbury, Av. 15 F43
Canterbury, Av. de 37 R54
Canterbury, Rue 15 F43
Canterbury Park, Av. de . .17 J-K38
Cantin, Av. 29 L62
Canvin, Rue 17 H38
Cap, Rue du 29 N62
Cap-Chat, Rue de 29 N61
Capitaine-Bernier, Rue du . . .28 L53
Capitale, Rue de la 6 L13-14
Capri, Rue 29 O62
Capri, Rue de 15 F43
Capricieuse, Pl. de la 19 J52
Cap-Saint-Jacques, Ch. du . .10 A-B35
Cap-Saint-Malo, Rue 11 B41
Capucins, Rue des 32 M77
Caravelle, Rue 16 G37
Cardiff, Av. 17 H-J39
Cardinal, Av. . .25 L-M41 M-N42 26 N43
Cardinal, Cr. 14 C38
Cardinal, Rue (DDO) 14 E42
Cardinal, Rue (IBZ) 14 C38
Cardinal, Rue (MTL) 42 W51
Cardinal, Rue (PFD) 15 D43-44
Cardinal, Rue (SLR) 27 M-N51
Caribou, Rue 13 E-F37
Carignan, Av. de 39 P-R64
Carignan, Rue 41 W46 46 X46
Carillon, Av. de 42 V52
Carillon, Rue 15 E43
Carleton, Av. 43 T53
Carleton, Rue 15 E43
Carling, Pl. 25 N41
Carlisle, Av. 17 H40
Carlisle, Rue 36 R52
Carlton, Av. 14 F39 17 G39
Carlton, Ch. 13 F33
Carlyle, Av. 36 P52 37 P53
Carmel, Av. de 14 F39 17 G39
Carmel, Av. du 37 R57
Carmichael, Rue 6 K13 43 V56-57
Carnarvon, Rue 42 U48
Caroline-Béique, Rue 28 M54
Caroline-Racicot, Rue 32 M77
Caron, Pte 12 F30
Caron, Rue 12 C32
Carpiquet, Rue de 37 Q53
Carrel, Rue 30 N63
Carrie-Derick, Rue 48 Y55-56
Carrière, Rue 12 F30
Carrières, Rue des (MTL)
. . . . .37 R57 38 Q59 R58-59
Carrières, Rue des (PFD) . . .13 D-E37
Carriole, Rue de la 13 C35-36
Carroll, Av. 46 X-Y46
Carroll, Rue 19 K50
Carson, Av. 25 M-N41 O42 26 O43
Carson, Rue 18 G-H44
Cartier, Av. 16 J-K37
Cartier, Rue (MTL) . . . .
. .6 G-J18 29 L58 O58 38 P-S58 44 T-U59
Cartier, Rue (ROX) 15 E44

Cartier, Rue (SLR) 27 O51-52
Caruso, Rue 15 E43
Cascade, Rue 15 D43
Case, Rue 12 E29-30
Caserne, Rue de la 14 D39
Casgrain, Av. . . .28 O56 37 P56 P-R57
Casgrain, Pl. 25 M42
Casino, Av. du 49 X58-59
Cassidy, Rue 42 T49-50
Casson, Ch. de 5 H8 43 U54
Castelnau E., Rue de
. . . . .37 P56-57 38 P58
Castelnau O., Rue de 37 P56
Castille, Rue de 21 K61
Castle, Ch. 16 G36-37 G-H36
Castlefield, Av. 25 M42
Castlewood, Av. 36 R48-49
Catalogne, Pl. 11 B39
Catelli, Rue 23 K68
Cathcart, Rue 5 J12 43 U56
Cathédrale, Rue de la .5 J-L11 43 V56
Catherine, Rue 14 F39
Catherine-Jérémie, Rue 23 K71
Cavalier, Rue 13 F36 16 G36
Cavanagh, Rue 27 N52 O52 28 N53 O53
Cavelier-De-LaSalle, Terr. . . .41 W45
Cavell, Av. 17 J40
Caven-Cir., Rue du 27 N50
Cavendish, Boul.
. . . . .27 L-O49 36 Q-S49 42 T49
Cavendish, Pl. 27 N49
Cayou, Rue 14 D38
Cazelais, Rue 42 V52
Cazeneuve, Rue 27 M49-50
Cecil, Av. 34 P41
Cécile, Rue 13 D36
Cedar, Av. (DVL) 34 P41
Cedar, Av. (MTL) 5 G8-10 43 T54 U54-55
Cedar, Av. (PCL) 17 K38
Cedar, Cr. 16 G33
Cedar, Rue (BCF) 16 G32-33
Cedar, Rue (DDO) 18 G43-44
Cedar, Rue (PFD) . . .14 D39-40 E39
Cedar Cr. 36 S52
Cedarcrest, Rue 14 E42 15 E43
Cedarwood Ct. 13 D34
Cèdres, Av. des (IBZ) 11 B42-43
Cèdres, Av. des (MTL) 38 Q62
Cèdres, Cr. des 13 E35
Cèdres, Pl. des 17 G40
Cèdres, Terr. des 31 O72
Céline-Marier, Rue 27 L48
Cellier, Av. 30 O66
Celtic Dr. 16 G34
Centennial, Av. (BCF) 16 G35
Centennial, Av. (CSL) 36 Q49
Centennial, Cr. 16 G37
Centrale, Rue
. . .41 V-W45 46 X45-46 Y46-47 47 X49 Y48
Centrale, Terr. 41 W45 46 X45
Centre, Rue 43 W54-55
Centre-civique, Rue du 17 J39
Centre-Commercial, Rue . . .15 E-F45
Cérat, Rue 37 S57
Cérès, Av. 18 G-H45
Cérès, Rue 18 G45
Cerf-Volant, Boul. du 48 X-Y53
Cézanne, Rue 14 E41
Chabanel E., Rue 28 M56-57
Chabanel O., Rue 28 N54-55
Chablis, Rue 14 E38
Chabot, Rue . . .29 O58 38 P-R58 R-S59
Chadillon, Av. 25 L41-42
Chagouamigon, Rlle 6 L13
Chaillot, Rue 39 P63
Chailly, Rue de la 39 P63
Chalet, Av. du 41 U47
Chambellé, Rue 30 M63
Chamberland, Cr. 36 R48
Chamberland, Rue 27 M52
Chambertin, Rue du 14 F38

Chambly, Rue de 44 T61
Chambois, Rue 30 N63
Chambois, Rue de 37 O54
Chambon, Pl. 30 N-O66
Chambon, Rue 30 M63
Chambord, Rue
. . . . .28 L57 29 O58 38 P-O58 S58
Chameran, Rue 28 M53
Chamilly, Rue de 29 N-O61
Chaminade, Av. 30 M-N63
Chamonix, Rue de 27 L49-50
Champ d'Avions, Av. du . . .17 H-J39
Champagne, Pl. du 14 F38
Champagne, Rue (BDU) 12 F31
Champagne, Rue (MTL) 44 U59-60
Champagne, Rue (PFD) . . .14 D38-39
Champagneur, Av. 28 O55 37 P55 Q-R56
Champchevrier, Av. 30 N-O65
Champ-d'Eau, Rue 30 M-N64
Champ-de-Mars, Rue du . . . .
. . . . .6 K15 43 V57 44 V58
Champdoré, Rue 29 M58-60
Champêtre, Av. 40 P-O70 O71
Champfleury Ct. 13 D34
Champigny, Rue 27 M52
Champigny, Rue de .42 W51-52 47 X52
Champlain, Av. 17 J-K41
Champlain, Boul. .46 X46-47 47 X48-52
Champlain, Rue 18 G44-45
Champlain, Rue de . .6 G-J17 44 T-U58
Champlain, Terr. 46 X46
Chanceaux, Pl. 30 O66
Chanteclerc, Av. 25 L41-42
Chantenay, Rue 30 M-N63
Chantilly, Pl. 16 G34
Chapais, Rue 37 S57
Chapleau, Rue (DDO) . .14 E39-40 F40
Chapleau, Rue (MTL) .38 R-S59 44 T59
Chapman, Rue 38 P61-62
Charade, Rue 14 E39
Charbonneau, Rue 41 W47
Chardin, Rue 30 O63
Chardonnay, Pl. du 14 F38
Chardonnet, Av. du 30 O66
Charest, Ch. 36 R49
Charette, Av. de 39 P63-64
Charland, Av. 29 L58-59
Charlebois, Rue (MTL) 43 V53
Charlebois, Rue (PFD) . . .10 A35-36
Charlemagne, Av. 38 Q-S61 44 T61
Charleroi, Rue de 21 K60-62
Charles, Av. 17 K41 25 L41
Charles-Archer, Rue 29 O59-60
Charles-Biddle, Rue 5 L7 43 W54
Charles-Darwin, Rue 27 L50
Charles-David, Rue 30 L66
Charles-de-Latour, Rue 28 N54
Charles-Dionne, Rue 22 K67
Charles-Falkner, Rue 28 L57
Charles-Genet, Rue 31 L71
Charles-Gill, Rue 28 L53
Charles-Goulet, Av. 30 O67
Charles-Goulet, Rue 32 N73
Charles-Munro, Rue 13 E36
Charles-Renard, Av. 22 J-K67
Charles-Renaud, Rue . . .11 B40 14 C40
Charles-Séraphin-Rodier, Rue
. . . . .44 T-U61
Charles-Thibault, Pl. 38 O-P59
Charles-Wilson, Rue 44 U61
Charleswood Dr. 16 J36-37
Charlevoix, Boul. 13 E36
Charlevoix, Rue .5 K8 43 V-W54 48 X54
Charlotte, Rue 6 J14 43 U57
Charmenil, Rue 30 O63
Charnwood, Ch. 16 G33-34
Charny, Rue (MTL) 20 K53
Charny, Rue (PFD) 14 D42 15 D43
Charny, Rue de 22 K63
Charon, Rue 48 X54-55
Charron, Av. 14 C39

Charron, Rue (IBZ) 14 C39
Charron, Rue (LSL) 46 Y47
Chartier, Av. 26 N-O45
Charton, Av. 29 L-M58
Chartrand, Av. 22 H-J64
Chartrand, Rue 41 W46
Chartres, Rue 15 E43
Chartwell, Cr. 16 H37
Chassé, Pl. 38 S59-60
Châtaigniers, All. des 39 Q64
Château, Rue du 14 D39
Châteaubriand, Av. de 6 G15
. . . . . .28 M56 N-O57 37 P-O57 S57 43 T57
Châteauguay, Rue de 43 W54
Château-Kirkland, Rue du .13 E35-36
Châteauneuf, Boul. 30 O66-67
Châteauneuf, Rue 16 G37
Châteauneuf, Rue de 11 Z40
Château-Pierrefonds, Av. du 13 C-D36
Châtelain, Rue 39 P63
Châtelaine Dr. 16 G36
Chatelet, Rue 29 N62
Chatelle, Rue 41 V45
Chatham, Rue 5 K9 L9 43 V-W55
Châtillon, Rue 14 F42
Châtillon, Av. 30 O66 39 P66
Chaucer, Av. 17 H39-40
Chaudière, Rue de la 14 F38
Chaumette, Rue 14 C38
Chaumont, Av. (ANJ) 30 O67
Chaumont, Av. (MTL) 44 T58
Chaumont, Rue 15 D43
Chaurest, Rue 11 B42
Chauret, Rue (DDO) 15 E43-44
Chauret, Rue (SGV) 14 C39
Chauveau, Rue (MTL) 39 R63-64
Chauveau, Rue (SLN) 30 N63
Chauvin, Av. 39 Q64
Chauvin, Pl. 39 Q64
Chauvin, Rue 14 D39
Chazel, Pl. de 19 K52 20 K53
Chelsea, Cr. 16 G32
Chelsea, Pl. 5 H10 43 U55
Chelsea, Rue 14 D41-42
Chemillé, Av. 39 P65
Chenal-le-Moyne, Ch. du . . .44 W59
Chênes, Av. des 39 Q63
Chenet, Rue 30 M63
Chenevert, Rue 28 N50
Cheneville, Rue 6 K13 43 V57
Chénier, Av. 39 P66
Chénier, Pl. 39 P66
Chénier, Rue (MTL) 39 P66
Chénier, Rue (PFD) 15 E45
Cherbourg, Rue de 16 G37
Cherrier, Ch. .10 B37 11 B42 14 C38-39
Cherrier, Rue (MTE) 31 O70
Cherrier, Rue (MTL)
. . . . .6 G15-16 43 T57 44 T58
Cherrier, Rue (PAT) 31 N72 32 M73 N73
Cherry, Pl. 27 L49
Cherry La. 14 E38-39
Cherrywood, Rue 14 F42 15 F43
Chester, Av. (MTL) 36 S49
Chester, Av. (PCL) 17 K41 25 L41
Chester, Av. (TMR) 36 P52 37 P53
Chester, Ch. 12 F32 13 F32
Chesterfield, Av. 42 U52
Chestnut, Av. 17 J38
Chestnut, Rue (BCF) 16 G-H36
Chestnut, Rue (BDU) 12 F32
Chestnut, Rue (PFD) 15 D44
Chevalier, Rue 19 J51
Chèvrefils, Rue 12 C-D29
Chèvremont, Boul. 11 B39-42
Chèvremont, Pl. 11 B39
Chianti, Rue 14 F38-39
Chickalo, Rue 13 E37
Chiltern, Av. 16 G34
Choisy, Rue 39 P63
Cholet, Av. 39 P66

Chomedey, Aut. . . . .
. . . . .18 J-K47 **26** L-M47 **35** P-Q46
Chomedey, Rue 5 H-J9 **43** U54
Chopin, Ch. **36** Q49
Chopin, Rue (DDO) **14** F39
Chopin, Rue (LSL) **41** V47
Chopin, Rue (SLN) **29** L62
Choppin, Av. **30** N65
Choquette, Pl. **29** N61
Choquette, Rue (DDO) **14** E41
Choquette, Rue (SLN) **29** N61
Chouinard, Av. **39** Q64
Chouinard, Rue **41** W47 **42** W48-49
Christie, Rue **12** D28
Christin, Rue 6 J15 **43** U57
Christophe-Colomb, Av. . . . .
. . . . . .**28** L-057 **37** P57 Q57 **38** Q58 S58
Christopher-Marlowe, Rue .**27** L49-50
Chrysanthèmes, Rue des . . . .
. . . .**21** K62 **22** K63
Church, Rue **13** F33 **16** G33 G34
Churchill, Av. **43** U53
Churchill, Ch. **37** P-Q53
Churchill, Pl. **12** E30
Churchill, Rue (BDU) **12** E30
Churchill, Rue (DDO) **15** F43
Churchill, Rue (MTL) **38** P62
Churchill, Rue (VRD) **47** Y49
Churchill, Terr. **47** Y49
Circle, Av. **17** J40
Circle, Ch. (BCF) **16** G34
Circle, Ch. (MTL) **36** S52 **42** T52
Circle, Pl. **42** T52
Circle, Rue **14** E39-40
Cirier, Rue **39** Q66
Citadel, Rue **14** F40
City La **16** G-H34
City-Councillors, Rue .6 H-J13 **43** U56
Claire, Cr. **35** R46
Claire-Fauteux, Rue **39** P-Q66
Clairette, Rue **14** F42
Clairières, Rue des **29** M62
Clandeboye, Av. 5 J8 **43** V54
Clanranald, Av. **36** Q-S51
Claremont, Av. (PCL) **25** L38
Claremont, Av. (WMT) **42** U52
Clarence, Rue **15** E40
Clarence-Gagnon, Av. . .**39** S64 **45** T64
Clarendon, Cr. **16** G32
Clarendon, Rue **43** W55
Clark, Rue (MTL) . . . .
. . . . . . .6 G-K14 **28** L-M55 N-O56
. . . .**37** P-Q56 R-S57 **43** T-U57
Clark, Rue (PFD) **15** C-D43
Clarke, Av. 5 G-H7 **43** U53
Clark-Graham, Av. . .**12** E31-32 **13** E33
Claude, Av. **25** N41-42
Claude, Rue (BCF) **16** J36
Claude, Rue (IBZ) **11** B40
Claude, Rue (MTN) **22** J63
Claude, Rue (PFD) **13** D37 **14** D38
Claude, Rue (VRD) **47** X52 **48** X53
Claude-Champagne, Av. . . .**37** R-S55
Claude-Gauvreau, Rue **28** M54
Claude-Henri-Grignon, Rue . . . .
. . . .**19** K48 K49 **27** L49
Claude-Jodoin, Rue **17** G38
Claude-Jodoin, Rue **38** R-S60
Claude-Jutra, Cr. **23** K69
Claudel, Rue **29** M62
Claude-Legault, Av. **22** J-K63
Claveau, Rue **30** N65-66
Clearpoint, Rue **16** K37 **17** K38
Clearview, Av. **17** J38
Clearview, Rue (DDO) **14** E42
Clearview, Rue (PFD) . .**14** D42 **15** D43
Clémenceau, Rue **47** Y49
Clément, Av. **25** L-M42 M-N41
Clément, Pl. **11** B39-40
Clément, Rue (LSL) **41** U-V46
Clément, Rue (SLR) **27** M52

Clément-Ader, Av. **22** K66-67
Clément-Ader, Pl. **22** K67
Cléophas-Soucy, Av. **19** K52
Cléophas-Soucy, Pl. . .**19** K52 **20** K53
Clermont, Av. **37** R-S56
Clermont, Rue **13** D37
Cléroux, Rue **27** L52
Cleve, Ch. **36** Q50
Clichy, Rue de **23** J70
Clifford, Av. **47** X50
Clifton, Av. **42** U51
Clinton, Av. **37** Q54
Clinton, Rue **13** E37
Closeries, Av. des **39** P-Q65
Closse, Pl. **14** C40
Cloutier, Rue **37** R56-57
Clover, Ch. **36** R48
Cloverdale, Av. **25** O42
Cloverdale, Rue **18** H45-46
Club-Marin, Ch. du **48** Y53
Cluny, Rue de **29** N61
Clyde, Ch. **37** P-Q54
Cobourg, Av. de **21** K60 **29** L60
Cochrane, Pl. **36** R51
Coffee, Rue **42** T48
Cognac, Rue de **27** L50
Cohen, Rue **26** L-M47
Cointerel, Boul. **39** P65
Cointerel, Pl. **39** P65
Colbert, Av. **19** J-K52
Colbert, Pl. (KRK) **13** E37
Colbert, Pl. (MTL) **19** J52
Colbert, Rue (ANJ) **30** L-N65
Colbert, Rue (MTL) **32** N-O74
Colbert, Rue (ROX) **18** G44-45
Colbert, Rue (SLN) **29** O61
Colchester, Ch. **36** R50
Coleraine, Rue **48** X54
Colette-Bonheur, Rue **32** N73
Colibris, Rue des **48** Z53
Colin, Rue **15** E43
Collège, Cr. du **47** X48-49
Collège, Rue du (MTL) **43** V53
Collège, Rue du (SAB) **12** D28
Collège, Rue du (SLR) . .**27** N50 O50-51
Collège-Beaubois, Rue du . . .**18** G46
Collerette, Rue **29** M62
Collingwood, Rue **14** E41-42
Collins, Ch. **36** Q49
Cologne, Rue de **27** L50
Colombet, Av. de **22** J66
Colombey, Rue **29** M61
Colombier, Rue **11** B40
Colombier, Rue du **40** P73
Colombière, Pl. de la **28** M57
Colonial, Rue **18** G46
Coloniale, Av. . .6 G-H14 **37** S57 **43** T57
Columbia, Av. (MTL) **20** J-K53
Columbia, Av. (WMT) 5 J7 **43** V54
Columbia, Cr. **18** G43
Columbia, Rue **18** G43-44
Columbus, Av. **17** H-J42
Comber, Av. **25** N41
Côme, Rue **30** O63
Commerce, Pl. du **48** Y-Z54
Commune, Rue de la **43** V-W57
Commune E., Rue de la .**6** L14-15
Commune O., Rue de la . . .**6** L13-14
Compiègne, Rue de **29** N61
Compton, Av. de **17** J41
Comte, Rue **41** V46
Comtois, Rue **30** N63
Concord, Av. de **17** H39
Concord Dr. **16** G34
Concorde, Pl. de la **18** G43
Concorde, Rue de la 6 H13 **43** U56
Condé, Rue de **43** W55
Condorcet, Rue **23** K71
Condover, Av. **17** J38
Confiseurs, Rue des **44** U59
Congrégation, Rue de la **48** X55

Conklin, Ch. **36** S49
Connaught, Av. **36** S48 **42** T-U48
Connaught, Rue **27** L51
Connemara, Cr. **16** G36
Conrad-Poirier, Rue **32** L73
Contrecoeur, Rue de **40** Q68
Cool, Rue **47** X52
Coolbreeze, Av. **17** J-K40 K39
Coolbrook, Av. **36** R-S51 **42** T51
Coolbrooke, Rue **18** G44-45
Coopératives, Pl. des **28** M-N57
Copernic, Av. **22** K66
Copernic, Rue **29** M61
Corbeil, Av. **22** J63-64
Cordner, Rue **41** V47 **42** V48
Cordova, Rue **13** E-F37
Cork, Av. **36** R48
Cornish, Av. **25** L41
Cornwall, Av. **37** P54
Cornwall, Rue **12** E30
Coronation, Av. **36** S49 **42** T49
Coronet, Av. **13** F34
Coronet, Rue **37** S53
Corot, Rue **48** Z54
Cossette, Rue **19** J50
Côté, Rue (IBZ) **11** Z40-41
Côté, Rue (MTL) 6 K14 **43** V57
Côté, Rue (PFD) **14** D39
Côte-de-Liesse, Aut. de la . . . .
. . . .**26** O44-46 **27** O48-49
Côte-de-Liesse, Ch. de la . . . .
. . . .**26** N-O43 O45-46
. . . .**27** O48-49 O50 O52 **28** O53-54
Côte-des-Neiges, Ch. de la . . . .
. . . . .5 G9 **37** Q-S53 **43** T53 U54-55
Côte-Saint-Antoine, Ch. de la . . . .
. . . .**42** U51-52 **43** U53
Côte-Sainte-Catherine, Ch. de la . . . . . .
. . . .**36** R52 **37** R53 R-S55
Côte-Saint-Luc, Ch. de la . . . .
. . . .**35** S47 **36** S48-51
Côte-Saint-Paul, Ch. de la .**42** V51-52
Côte-Vertu, Boul. de la . . . .
. . . . . .**26** M-N47 **27** N49-50 N52 **28** N53
Côte-Vertu, Pl. de la **26** M45-46
Côte-Vertu, Pl. de la **28** N53-54
Coughtry, Av. **27** M51
Coulanges, Rue de . .**29** M62 **30** M63
Coulon, Rue **15** D43
Country Ct. **13** D34
Coupal, Rue **44** T59
Courcelette, Av. **37** R55
Courcelle, Rue de **42** V52
Courcelles, Rue **25** N-O42
Coursol, Rue (MTL) 5 K8 **43** V54
Coursol, Rue (PFD) **13** C37
Coursol, Terr. 5 K9
Courtemanche, Rue **40** P70-71
Courtland, Av. **25** M41
Courtney, Prom. **42** U48
Courtrai, Av. de **36** Q51-52
Courval, Rue (KRK) **16** G37
Courval, Rue (SLN) **30** N63
Courval, Rue (SLR) **35** P46-47
Courville, Rue de **38** S58-59
Cousens, Rue **18** K47 **19** K48
Cousineau, Rue **19** J-K51
Coutances, Rue de **30** N63
Couture, Boul. . . . .
. . . .**29** L62 M61 **30** L63 M63-64
Couture, Terr. **29** M61
Couvent, Rue du **43** V53
Couvrette, Rue **27** M52 **28** M53
Coventry, Rue **12** E30
Cragmore, Av. **17** H-J39
Cranbrooke, Av. **36** S48
Crawford, Rue **47** X-Y49
Crémazie E., Boul. . . . .
. . . .**28** N56-57 **29** O58-60
Crémazie O., Boul. **28** N-O55 O56
Crépeau, Rue **28** M53

Crescent, Av. 34 P41
Crescent, Rue 5 J10-11 43 U-V55
Crescent 1, Pl. 30 N66-67
Crescent 2, Pl. 30 M66-67
Crescent 3, Pl. 30 M66-67
Crescent 4, Pl. 30 M66-67
Crescent 5, Pl. 30 M66-67
Crescent 6, Pl. 30 L-M66
Cressy, Rue 36 S50
Crestview, Av. 17 J41
Crestwood, Av. 35 S47
Creswell, Rue 18 H44
Creswell Dr. 16 H37
Crevier, Rue 12 C-D28
Crevier, Rue (MTL) 19 J51
Crevier, Rue (MTN) 22 K63
Crevier, Rue (PFD) 10 B35
Crevier, Rue (SLR) 27 M-N51
Crewe, Av. 16 J-K37
Crillon, Rue 15 E43-44
Croissy, Pl. 30 O66 39 P66
Croix, Rue de la 29 N62
Cross, Rue 14 E41
Crowley, Av. 42 U51-52
Cruickshank, Av. 12 E32 13 E33
Cumberland, Av. 36 S49 42 T49
Cumberland, Rue 18 G44
Cunard, Rue 36 Q52
Curatteau, Pl. 39 O66
Curatteau, Rue 39 Q-S66
Curé-Clermont, Av. 39 P66
Curé-De-Rossi, Rue ..46 X47 47 X48
Curé-Legault, Rue 41 W46
Curé-Trottier, Rue 13 E-F37
Curotte, Av. 28 L57
Curzon, Rue 42 T48
Cushing, Rue 27 N50
Cuvillier, Rue 38 S60-61 44 T61
Cypihot, Rue (SAB) ...12 C32 13 C33
Cypihot, Rue (SLR) 18 J46-47
Cypress, Av. 13 F33 16 G33
Cypress, Rue 5 J11 43 V55-56
Cyrenne, Terr. 46 Y47

D.-Lebeau, Rue 12 C32
Dade, Pl. 39 P66
Dagenais, Rue (MTL) 42 V52
Dagenais, Rue (MTN) 22 J64
Daguerre, Rlle 38 S62
Dahlia, Av. 34 P42
Daigle, Rue 19 K52
Daigneault, Rue 42 W48
Dalbé-Viau, Rue 35 R44-45
Dalcourt, Rue 6 J17 44 U58
Daleside, Pl. 16 G34
Dalhousie, Rue (MTL) .5 L12 43 V-W56
Dalhousie, Rue (PFD) 15 C-D43
Dali, Rue 14 E41
Dalkeith, Av. 39 P66
Dalkeith, Pl. 39 P66
Dallas, Rue 18 H44
Dalmany, Rue 41 U45
Dalou, Rue 36 S51-52
Dalton, Ch. 27 O49 36 P49
Dalton, Rue 14 C42
Damase-Potvin, Av. ...22 K66 30 L66
Damien-Gauthier, Rue 32 L-M75
Dana, Rue 14 F42
Dance, Rue 13 E36
Dandurand, Rue 38 O61 R58-60
Daniel, Ch. 13 E36
Daniel-Dony, Av. 30 L67
Danièle, Rue 41 V47
Daniel-Johnson, Boul. 14 C40
Dansereau, Rue 6 J17 44 U59
Dante, Rue 37 O56-57
Daoust, Rue (LSL) 41 W47
Daoust, Rue (SAB) 12 D32
Darceil, Av. 34 P41
D'Arcy-McGee, Rue 47 X50-51

Darling, Rue 38 S60 44 T60-61
Darlington, Av. de 37 Q-R54
Darlington, Pl. 37 Q54
Darnley, Ch. 27 O49 36 P49
D'Artagnan, Rue 29 N61
Darwin, Rue 48 Z53
Daudelin, Rue 13 F36-37
Daudet, Rue 38 P61
Daulac, Ch. 5 G8 43 T-U54
Daunais, Rue 44 U59-60
Dauphin, Rue 14 E-F41
Dauphine, Rue 29 N62
Dauversière, Av. de la 30 N-O67
Dauville, Rue 13 C36
Davaar, Av. 37 Q-R55
Daveluy, Rue 39 P64
David, Av. 40 Q69
David, Rue (DDO) 18 G44
David, Rue (PFD) 14 C42
David, Rue (VRD) 47 Y50
David-Boyer, Rue 41 W47
David-d'Angers, Av. 39 P65
David-Kennedy, Rue 12 E-F32
David-Laurent, Av. 22 J65-66
David-Lewis, Rue 36 Q50-51
Davidson, Pl. 25 M42
Davidson, Rue 38 S60-61 44 T61
Davies, Av. 35 R47
Davignon, Ch. 37 R54
Davignon, Rue 18 G43-44 H43
Davis, Av. 17 H40
Davis, Rue 39 Q65
Dawes, Rue 35 R-S44
Dawn, Rue (DDO) 18 H44
Dawn, Rue (LSL) 41 W45
Dawson, Av. (DVL)
.............25 N41 O42 34 P42 35 P43
Dawson, Av. (TMR) 36 P52
Dazé, Rue 28 L54-55
De Blanzy, Rue 14 C40
De Breslay, Rue 16 J37
De La Morandière, Rue .10 B35 13 C35
Deacon, Av. 18 H43
Deacon, Ch. 37 Q-R54
Deacon, Rue 18 H43
Deal, Av. 37 P53-54
DeBaene, Rue 18 K47
Décarie, Aut 36 S51
Décarie, Boul. 27 N51 36 P-S51 42 T-U51
Décarie, Rue 27 M51
Décary, Pl. 34 P42
Decelles, Av. 37 Q-R53
Decelles, Pl. (MTL) 37 R53
Decelles, Pl. (SLR) 27 N50
Decelles, Rue 27 N50-51
Defoy, Rue 28 L53-54
DeGaulle, Rue 13 C-D37
Deguire, Boul. 27 M50
Deguire, Rue 27 M51-52 28 M53
DeKenty, Rue 13 C-D37
Delage, Rue 29 N61
Delaney, Rue 18 G45
Delfosse, Rue 38 P59
Delinelle, Rue 42 V52
Delisle, Rue 5 K7-8 L9 43 V54
Delmar, Av. 17 H-J41
Delmeade, Ch. 27 O49-50 36 P49-50
Delmonte, Rue 13 F36
Delongchamps, Rlle ..6 G17 44 T58-59
Delorme, Av. 6 H17 44 T-U58
Delphis-Delorme, Rue 32 M77
Delray, Rue 14 D42
Delta, Rue 14 F39
DelVecchio, Av. 39 P64
Demers, Av. 16 K37
Demers, Rue (MTL) 37 S57
Demers, Rue (SAB) 12 D28-29
Denault, Rue 13 E37
Denis, Av. 40 Q70-71
Denis, Pl. (DVL) 25 N41
Denis, Pl. (IBZ) 14 C40-41

Denise, Rue 41 W47 42 W48
Denise-Pelletier, Carré .19 K48 27 L48
Denis-Jamet, Rue 22 J-K66
Denis-Papin, Pl. 29 M61
Denis-Papin, Rue 29 N59-61
Denommée, Rue 29 L60
Denonville, Rue 42 V-W51
Denton, Av. 25 M41
Déom, Av. 37 R54
Dépatie, Rue 19 J-K52 27 L-M52
Dephoure, Pl. 15 F43
Dephoure, Rue 15 F43
Derome, Rue 17 G38
Déry, Pl. 25 N41
Des Groseilliers, Rue 39 Q65
DesArbres, Rue 14 C41
Desaulniers, Rue (MTL) 39 R63-64
Desaulniers, Av. 21 J62
Désaulniers, Rue (LSL) .41 V47 42 V48
Desautels, Rue 39 Q-S65
Desbarats, Rue 13 F36
Descartes, Rue 29 M61
Descèdres, Rue 12 D32
Deschambault, Rue 29 M62
Deschamps, Pl. 20 K53-54
Deschamps, Rue (MTL) 20 K53
Deschamps, Rue (PFD) ...15 D43-44
DesChênes, Av. 11 B42
Desenclaves, Rue 20 J-K53
DesGroseilliers, Pl. 39 P-Q65
Desjardins, Av. 38 S61-62 44 T62
Desjardins, Rue 14 C42 15 C43
Deslauriers, Av. 25 L41
Deslauriers, Rue (PFD) .15 F45 18 G45
Deslauriers, Rue (SLR)
................28 N53-54 N-O53
Deslierres, Rue 30 O63 39 P63
Desmarchais, Av. 47 Y52
Desmarchais, Boul. ...42 W51 47 X51
Desmarest, Pl. 14 C41
Desmarest, Rue 11 B41 14 C41
Desmarteau, Rue
..............39 P-O67 O67 40 O68 R68
Desnoyers, Rue 42 V52
Desportes, Rue 39 P63-64
Despréaux, Rue 30 O63
Desrivières, Rue 5 K11 43 V56
Desrosiers, Rue (LCH) 41 T46-47
Desrosiers, Rue (MTL) 39 Q64
Desrosiers, Rue (PFD) ...14 D-E38
Dessaint, Rue 18 K46-47
Désy, Av. 22 J-K63
Deville, Rue 29 N59
Devinière, Av. de la 30 O66
Devito, Av. 16 J37 17 J38
Devlin, Rue 15 C-D43
Devon, Av. (TMR) 28 O53
Devon, Av. (WMT) 36 S52 37 S53
Devon, Ch. 12 F32 13 F33
Devon, Pl. 12 E30
Devon, Rue (BDU) 12 E30
Devon, Rue (DDO) 14 F39-40
Devonshire, Ch. 36 P50
Devonshire, Pl. 36 P50-51
Dézéry, Rue 38 S60 44 T60 T60-61
Diab, Rue 18 K46
Dick-Irvin, Av. 48 X55
Dickson, Rue 39 Q-R63 S64 45 T64
Diderot, Rue 23 K71 31 L71
Dieppe, Av. de (MTL) 37 Q53
Dieppe, Av. de (PCL) ...17 J39-40
Dieppe, Rue de 14 D39-40
Dijon, Rue de 22 K63-64
Diligence, Rue de la 13 C35
Dion, Rue 27 O51-52
Dionne, Rue 47 X48
Discepola, Rue 13 E35
Disraëli, Rue 6 H18 44 T-U59
Dixie, Rue 35 P-Q43 R44
Dobie, Rue 37 P54-55
Dobrin, Rue 26 L47 27 L48

Docteur, Rue du 14 C41-42
Docteur-Frederik-Philips, Boul. . . . .
. . . . .27 N49
Docteur-Gelev, Rue 13 D35
Docteur-Penfield, Av. . . . .
. . . . . . .5 G-H10 H11-12 43 U54-55
Dogwood, Rue 12 F32
Doherty, Av. 36 S48 42 T48
Dolbeau, Rue 37 R53
Dollard, Av. (IBZ) 14 C39
Dollard, Av. (LSL) 41 U-V47 V-W46
Dollard, Av. (OUT) 37 Q55
Dollard, Boul. 37 Q-R55
Dollard, Rue (MTL) 6 K13 43 V56
Dollard, Rue (PFD) 15 F45
Dollard-Desjardins, Rue 31 N72
Dollier, Rue 29 O62 38 P62
Dom-Bellot, Av. 22 K66
Dominion, Rue (LCH) 11 T45
Dominion, Rue (MTL) 5 K8-9 L8 43 V54
Dominique, Pl. 14 E40
Dominique-Monet, Rue 39 P66
Domrémy, Rue 29 N62
Donahue, Rue 26 L46
Donat-Boyer, Av. 41 T47
Donegani, Av. . . . .
. . . . . . .16 J37 17 J38 K39-40 25 L41
Donegani, Rue 23 K68
Donnacona, Pl. 18 G43
Donnacona, Rue (DDO) 18 G43
Donnacona, Rue (MTL) 44 T59-60
Dora, Rue 41 W47
Dorais, Rue 27 N-O50
Doral, Rue 11 Z39
Dorchester, Av. 17 J-K41
Dorchester, Boul. . . .5 J7-8 43 V53-54
Dorchester, Sq 5 J11-12 43 U55-56
Doré, Rue 5 K7 43 V53-54
Doric, Rue 21 K59
Doric Dr. 16 G33-34
Dorion, Rue 6 G-J18 44 T-U59
Dornal, Av. 36 S52
Dorset, Rue 12 E31
Dorsi, Rue 13 D36-37
Dorval, Av. 25 O42
Douglas, Av. (MTL) 37 Q53-54
Douglas, Av. (WMT) 42 T52 43 T53
Douglas-B.-Floreani, Rue 18 J46
Douglas-Shand, Av. 17 J38-39
Doussin, Rue 29 L62
Dover, Ch. 28 O54
Dowd, Rue 6 K13 43 V56-57
Dowker, Rue 12 E30
Downshire, Ch. 36 R50
Doyle, Rue 41 V47
Doyon, Av. 17 H40-41
Dragon, Rue (KRK) 13 E36-37
Dragon, Rue (SLR) 27 N49
Drake, Av. 17 J39
Drake, Rue 42 W52 47 X51-52
Drapeau, Av. 21 J-K61
Draper, Av. 42 T50 T-U51
Drayton, Av. 16 K37 17 J38
Dresden, Av. 37 Q54-55
Dresden, Rue 15 D-E43
Drolet, Rue . . . .
. . . .6 G15 28 O56-57 37 P-S57 43 T57
Drouart, Rue 28 L53
Drouin, Rue (DDO) 15 E43
Drouin, Rue (MTL) 44 T61
Drucourt, Rue de 38 O58
Druillettes, Rue 30 O63
Drummond, Rue 5 H-K11 43 U-V55
Du Tour, Ch. 11 A-B42
Dubé, Av. 40 P-Q71
Dubé, Rue 41 W46
Dubeau, Rue 28 M53
Duberger, Rue 22 K67
Dublin, Pl. de 48 X54
Dublin, Rue 48 X54
Dublin Dr. 13 F34

Dubois, Rue (DDO) 18 G44
Dubois, Rue (MTL) 42 W51
Dubonnet, Pl. 13 F37
Dubord, Av. 25 L41
Dubreuil, Rue (SAB) 12 C32 13 C33
Dubreuil, Rue (SLN) . . .29 M62 30 M63
Dubuc, Rue 6 G18 44 T59
Dubuisson, Av. . . . .
. . . . . .39 R66-67 S64 40 Q-R68 R68
Ducas, Rue 42 W48 47 X48
Ducharme, Av. (DVL) . . .34 P42 35 P43
Ducharme, Av. (OUT) 37 Q54-55
Duchastel, Av. 37 S55
Duchastel, Pl. 37 R-S55
Duchesne, Rue 19 K50
Duchesneau, Rue 40 Q68
Duclos, Rue 6 H15-16 44 U58
Dudemaine, Rue 27 L51-52 28 L53
Duff, Av. 41 T45
Duff Court, Rue 35 R-S45
Duffault, Rlle 6 J15 43 U57
Dufferin, Av. 36 S51
Dufferin, Rue (HMS) 36 Q-S51
Dufferin, Rue (KRK) 13 F37
Dufour, Rue (KRK) 14 E39
Dufour, Rue (MTL) 37 P57
Dufresne, Pl. 44 T59
Dufresne, Rue (IBZ) 11 B40
Dufresne, Rue (LSL) . . .41 V47 42 V48
Dufresne, Rue (MTL) 44 T-U59
Dufrost, Rue 30 M63
Dugas, Rue (MTL) 39 R64
Dugas, Rue (PFD) 13 D-E37
Duguay, Rue 27 M-N50
Duhamel, Rue (LSL) 46 Y46-47
Duhamel, Rue (MTL) 6 H17 44 U58
Dujarié, Rue 29 M62
Duke, Rue 5 L12 43 V-W56
Duke-of-Kent, Av. . . .17 H-J38 J39-40
Dulongpré, Rue 19 K51
Duluth, Av. 43 T57
Duluth O., Av. 43 T56-57
Dumais, Rue 13 D-E36
Dumas, Rue (MTL) 42 W50-51
Dumas, Rue (MTN) 22 K63
Dumas, Rue (PFD) 14 D42
Dumesnil, Rue 30 O64
Dumont, All. 39 P-Q67
Dumont, Av. 25 M42
Dumouchel, Av. 34 P42 35 P43
Dunant, Rue 30 N63
Dunbar, Av. 37 Q54-55
Duncan, Ch. 36 P51
Duncan, Rue 42 T49-50
Dunkirk, Rue 28 O53 37 P53 P-Q54
Dunlop, Ch. 37 Q-R55
Dunn, Av. 42 W52
Dunrae, Av. 37 P54
Dunraven, Ch. 37 P54
Dunsmuir, Ch. 37 P-Q53
Dunvegan, Ch. 37 P53
Dunver, Av. 47 X49
Dupont, Av. 26 O43
Dupras, Av. 41 U45
Dupré, Rue 5 L12 43 V56
Duprêt, Rue 48 Y-Z54
Dupuis, Av. 36 R52 R-S51
Dupuis, Rue (PFD) D38-39
Dupuis, Rue (VRD) 42 W52 48 X53
Duquesne, Rue 39 Q64 S64 45 T64
Duquette, Av. 42 T51
Duquette, Terr. 41 W45
Durance, Av. 41 T-U47
Duranceau, Rue 46 Y47 47 Y48
Durham, Av. 20 K56 28 L-M56
Durham, Rue 14 E-F40
Durnford, Pl. 36 R51
Durocher, Av. (MTE) 40 P-Q70
Durocher, Av. (OUT) 37 Q-R56
Durocher, Rue 6 G-H13 37 P55 43 T-U56

Dutrisac, Pl. 27 L-M52
Dutrisac, Rue 27 M52
Duval, Rue (MTL) 19 K52 27 L52
Duval, Rue (PFD) 14 D-E38
Duverger, Av. 37 Q-R55
Duvernay, Rue (MTL) . . .5 L8 43 V-W54
Duvernay, Rue (SGV) 14 C-D40
Duvert, Rue 20 K56
Dyonnet, Rue 39 R67

Eadie, Rue 42 W51
Earl, Rue 14 F42
Earle, Ch. 36 S48
Earnscliffe, Av. 36 S51 42 T51
East Gables Ct. 16 H35
Eastbourne, Av. 16 H35
Eastern, Av. 41 U47
Eastluc, Ch. 36 S48
Eastman, Rue d' 41 V-W45
Eastmoor, Rue 14 E-F41
Easton, Av. 41 T-U47
Eastview, Av. 17 H-J41
Eastview, Rue 14 E40
Eaton, Rue 17 G-H38
Eau Vive, Imp de l' 30 M64-65
Ecclestone La. 14 E38
Éclusiers, Rue des 5 L8 43 W54
Écores, Rue des 29 O59 38 P-O59
Écu, Rue de l' 27 L49-50
Eden, Ch. 36 P52
Edgar-Gariépy, Rue 32 L73
Edgar-Leduc, Rue 35 Q-R45
Edgar-Prairies, Rue 32 N-O73
Edgehill, Ch. 43 T53
Edgemore, Av. 36 R48
Edger, Av. 21 J-K62 29 L62
Edgewood, Ch. 16 G34
Edgewood, Rue (DDO) 13 E42
Edgewood, Rue (PFD) 14 C-D42
Edinburgh, Rue 35 S47
Edison, Ch. 36 R48-49
Edison, Rue (ANJ) 30 N66
Edison, Rue (KRK) 14 F38
Edison, Rue (PFD) 14 D42
Edmond, Rue 17 G38
Edmond-Archambault, Rue . .22 J65
Edmond-Brandt, Rue 32 O73
Edmond-Hamelin, Rue 38 R-S61
Edmond-Hardy, Pl. 22 J67
Edmond-Rouleau, Rue 39 Q63
Edmond-Valade, Rue . . .20 K53-54
Edna, Rue 48 X53
Édouard, Rue 47 Y48-49
Édouard-Charles, Rue 37 S56
Édouard-Dufresne, Pl. 27 N49
Édouard-Gaucher, Rue 11 B41
Édouard-Kelly, Pl. 23 J69
Édouard-Laurin, Boul. 27 N51
Édouard-Montpetit, Boul. . . . .
. . . . .36 S52 37 R53-54

Édouard-VII, Av. 26 O43
Edward, Rue 18 G45
Edward-Higgins, Rue 18 G-H45
Edwin, Av. 34 P41
Egan, Av. 47 X50-51
Egan, Rue (DDO) 14 F39
Egan, Rue (VRD) 47 X-Y51
Églantiers, Rue des 23 K71
Église, Av. de l' (DVL) . . . .
. . . . .25 O42 26 O43 35 P43
Église, Av. de l' (MTL) 42 W51-52
Église, Av. de l' (PCL) 25 L40-41
Église, Pl. de l' (ANJ) 39 P66
Église, Pl. de l' (MTE) 40 Q68
Église, Rue de l' (IBZ) .11 A40 B39 Z40
Église, Rue de l' (SAB) 12 D28
Église, Rue de l' (SLR) . . .27 N50-51
Église, Rue de l' (VRD) .47 X52 48 X53
Eileen-Vollick, Av. 25 M42
Einstein, Av. (CSL) 36 Q-R48

Einstein, Av. (MTL) 44 W58
Einstein, Rue 14 E41-42
Ekers, Av. 37 Q54
Elderidge, Rue 14 E42
Eldon, Av. 17 H38-39
Eldorado, Av. de l' 17 J38
Eldor-Daigneault, Rue 18 H46
Eldridge, Av. 36 R48
Eleanor, Rue 5 L11 43 V-W55
Elgar, Rue 48 Z53
Elgin, Av. (CSL) 36 S49
Elgin, Av. (PCL) 17 K41
Elgin, Cr. 16 H36-37
Elgin, Rue 14 D38
Elgin, Terr. 5 K9-10
Élie-Auclair, Pl. 19 K52
Élie-Beauregard, Av. 22 J-K66
Élie-Beauregard, Pl. 22 J66
Élie-Blanchard, Av. 27 L52
Élie-de-Bellefeuille, Av. 25 O42
Éliot, Cr. 16 G37
Élisabeth, Av. 25 N41
Élisabeth-Bégon, Av. 32 M-N75
Élisée-Martel, Rue 22 J66
Élizabeth, Pl. 27 M52
Élizabeth, Rue (PFD) . .14 C42 15 C43
Élizabeth, Rue (SLR) 27 M52
Élizabeth Dr. 13 F34-35
Elkas, Boul. 13 E34-35
Ellendale, Av. 37 R53
Ellerdale, Rue 36 S50-51
Ellerton, Av. 28 O54-55
Ellingham, Av. 17 G-H40
Elliot, Pl. 35 P-Q43
Ellora, Rue de l' 27 L49-50
Elm, Av. (BCF) 13 F33 16 G34-35 H36-37
Elm, Av. (WMT) 5 H8 43 U54
Elm, Rue (BDU) 12 F32
Elm, Rue (LCH) 41 U47
Elmhurst, Av. 42 T-U48
Elmira, Rue 16 G36
Elmire, Rue 37 S57
Elmo-Deslauriers, Rue 12 C-D28
Elmridge, Av. 25 N42
Elmridge, Cr. 11 Z40
Elmridge, Rue 11 Y-Z40
Elmslie, Rue 41 U46-47 V47
Elmview, Rue 15 E43
Elmwood, Av. (OUT) 37 R56
Elmwood, Av. (PCL) 17 K41
Elmwood, Av. (SNV) 12 C29
Elmwood, Pl. 37 R55-56
Elmwood, Rue 14 E39-40
Elsdale, Av. 38 Q59
Élysée, Rue de l' 30 O63-64
Elzéar-Soucy, Rue 28 M54
Émard, Av. 42 W51 47 X51
Embleton, Av. d' 17 J40
Emerald, Av. 35 R-S47
Emerson, Ch. 36 R49
Émery, Rue (MTL) 6 H15 43 U57
Émery, Rue (MTN) 29 L60
Émile, Pl. 25 M42
Émile, Rue (IBZ) 11 B41-42
Émile, Rue (PFD) 14 C-D42
Émile-Bélanger, Rue 27 L48
Émile-Brunet, Rue 22 K66
Émile-Duployé, Av. 6 G17 44 T58
Émile-Dupont, Rue 22 J66
Émile-Filion, Rue 29 N58
Émile-Gauthier, Rue 41 T47
Émile-Journault, Av.
. . . . .28 N57 29 M59-60 N58
Émile-Legault, Av. 30 N67
Émile-Legrand, Av. 39 R-S65
Émile-Nelligan, Rue (LSL) . . .41 V47
Émile-Nelligan, Rue (MTL) . .19 J-K51
Émile-Nelligan, Rue (PFD) . . .13 D37
Émile-Nelligan, Rue (SLN) . .29 M61
Émile-Pelletier, Terr. 35 R-S45
Émile-Pominville, Av. 41 T47

Émile-Robichaud, Rue . .23 K68 31 L68
Émile-Vanier, Rue 38 S60
Émile-Yelle, Rue 29 N58
Émilie-du-Châtelet, Rue 23 K71
Émilien-Daoust, Rue 28 M54
Emmanuel-Briffa, Rue 23 K68
Empress, Av. 17 H-J40
Encyclopédistes, Rue des .23 K71-72
English, Av. 26 N-O44
Enrico-Fermi, Rue 29 M-N61
Entracte, Passage de l' 19 K48
Épée, Av. de l'
. . . . .28 O55 37 P55 Q-R56 R-S56
Éphrem-Longpré, Rue 39 P63
Épinettes, Av. des 38 Q62 39 Q63
Épinettes, Rue des 31 O72
Epping, Ch. 16 H37
Équateur, Rue de l' 27 L50
Érables, Av. des (IBZ) 11 A42-43
Érables, Av. des (MTL)
. . . . . .6 G-H18 29 O58 38 P-S59 44 T59
Érables, Pl. des 11 A-B43
Érables, Rue des (LCH) 41 T47
Érables, Rue des (PFD) 13 D37
Éric, Av. 39 P67
Eric-Goldberg, Rue 27 L48
Érié, Rue 6 K18 44 U59
Érin, Pl. 25 N41
Erinmore, Rue 14 F38-39
Ernest, Rue 14 E41
Ernest-Cormier, Rue 30 M66
Ernest-Gendreau, Pl. 44 T61-62
Ernest-Gendreau, Rue 38 R-S60
Ernest-Hemingway, Av. . . .27 L48-49
Ernest-Lavigne, Av. 39 P64
Ernest-Marceau, Rue 30 O64
Ernest-Ouimet, Rue 30 L67
Ernest-Robitaille, Av. 22 J63
Ernest-Savignac, Rue 29 N58
Esplanade, Av. de l'
. . . . . . .28 L-N55 O56 37 Q-S56 43 T56
Esplanade-Émile-Gamelin, Av. de l'
. . . . .6 J15
Essex, Ch. 12 F32 16 G32
Essex, Rue 14 F39
Est, Rue 5 K12
Estérel, Av. 18 G45
Estérel, Rue d' 14 E39
Esther-Blondin, Rue (LCH) . . .35 S45
Esther-Blondin, Rue (PFD) . . .14 D40
Éthel, Rue 48 Y53
Éthier, Av. 21 J61-62 K61
Éthier, Rue 15 C-D43
Étienne-Blanchard, Rue
. . . . .28 N57 29 N58
Étienne-Bouchard, Rue 30 O64 39 P64
Étienne-Brais, Av. 23 J-K70
Étienne-Brûlé, Pl. 21 K58
Étienne-Brûlé, Rue 21 K58
Étienne-Mongolfier, Rue . . .27 L50-51
Étienne-Parent, Av. . . .20 K53 28 L53
Étienne-Volant, Rue 22 K65
Etingin, Rue 18 J45-46
Eton, Cr. 36 R50
Euclid, Ch. 36 S48
Euclide-Brien, Rue 38 R60
Eudore-Dubeau, Av. 23 K68
Eugène-Achard, Rue . .30 O67 39 P67
Eugene-Couvrette, Rue 31 L72
Eugène-Dick, Pl. 27 L49
Eugène-Hamel, Pl. 27 L48
Eugène-Payette, Rue . . .32 M76-77
Eugène-Rouillard, Pl. 20 K53
Eugénie-Tessier, Rue 32 M77
Eusèbe-Gagnon, Rue 32 O73
Éva-Circé, Av. 22 K67
Éva-Gauthier, Rue 32 M77
Évangéline, Rue 42 W52
Évangéline-Gallant, Rue 32 O73
Evans, Ch. 17 H38
Evans, Rlle 6 H14 43 U57

Evans, Rue 6 H14 43 U57
Evans Ct 6 L13
Évariste-Chaurette, Rue 13 D37 14 D38
Eve-Gagnier, Rue 32 N73
Evelyn, Rue 47 X52 48 X53
Everest, Rue de l' 27 L-M50
Everett, Rue (DDO) 18 H44
Everett, Rue (MTL)
. . . . .29 O60 38 P58-59 P60
Evergreen, Cr. 16 G-H36
Evergreen, Rue 14 E42 15 E43
Evergreen Dr. 16 G35-36 H36
Évreux, Rue d' 39 P63
Eymard, Rue 29 O62

F.-X.-Prieur, Rue 41 W46 46 X46
Fabien, Rue 14 D42
Fabien-Laberge, Rue 42 W50
Fabre, Rue (DDO) 18 H43-44
Fabre, Rue (MTL)
. . . . . . .28 L57 29 O58 38 P-O58 S58
Fadette, Rue 29 N62 30 N63
Fafard, Rue 44 T62
Faillon E., Rue 37 P56-57
Faillon O., Rue 37 P56
Fairfield, Cr. 41 T47
Fairhaven, Av. 17 K38
Fairlawn, Av. 16 J37
Fairlawn, Rue 14 E42 15 E43
Fairmount E., Av. 37 R57
Fairmount O., Av. 37 R56-57
Fairside, Av. 36 R48
Fairview, Rue 14 E42 15 E43
Fairway, Rue 35 P44 P-Q45
Fairway Dr. 16 G35
Fairwood, Av. 17 J38
Falaise, Av. de 37 Q53
Falardeau, Rue 6 J18 44 U59
Fallbrook, Pl. 36 R50
Fallbrook, Rue 36 R50
Famille-Dubreuil, Rue de la . .32 M77
Fancamp, Rue 29 N62
Faradon, Rue 39 Q65
Faribault, Av. 39 R64
Farly, Rue (MTL) 28 N56
Farly, Rue (MTN) 22 K63
Farnham Dr. 16 H35
Fatima, Rue de 13 D36
Fauteux, Rue 5 L8 43 V-W54
Fauvettes, Rue des 48 Z53
Favard, Rue 48 X55
Favreau, Pl. 27 N49
Fayolle, Rue 47 X-Y49
Félix-Leclerc, Aut 32 L74-75
Félix-Leclerc, Av. . .19 K48 27 L49-50
Félix-McLernan, Rue 18 H46
Fendall, Rue 37 S53
Fénelon, Rue 29 O60
Fénelon, Boul. 25 N42
Fenton, Av. 28 O55
Fenwick, Av. 41 T47
Fenwood, Rue 14 F41
Fer-à-Cheval, Rue du 13 C35
Ferdinand-Bastien, Rue 23 K71
Ferland, Rue (MTL) 37 P57
Ferland, Rue (VRD) 48 Z54
Ferme, Rue de la 43 W55
Fern, Ch. 36 S50
Fernand, Rue (IBZ) 10 Z36
Fernand, Rue (PFD) 14 D39
Fernand-Dumont, Av. 27 L49
Fernand-Forest, Av. 23 J68
Fernand-Gauthier, Av. 22 J-K66 30 L66
Fernand-Rinfret, Rue 45 T63
Fernand-Seguin, Rue 48 Y55
Fernbank, Pl. 25 M42
Ferncrest, Rue 14 E40
Ferncroft, Rue 36 R50-51
Ferndale, Cr. 25 O42 26 O43
Fernhill, Av. 37 S56

Fernlea, Cr. 37 P55
Ferrier, Rue 36 P50-51
Fiddler's Green, Rue 17 J-K40
Field, Av. 17 K38
Fieldcrest, Av. 17 K38
Fieldfare, Av. 16 G33
Fieldfare, Cr. 16 G33
Fielding, Av. 36 S49-50
Fieldsend, Av. 16 H35
Fieldstone, Rue 17 G40-41
Fifth Av. 17 K39
Filiatrault, Rue 27 N52
Filion, Rue 19 J-K52 27 L-M52
Finch, Rue 14 E41-42
Finchley, Pl. 36 S51
Finchley, Rue 36 R-S51
Fir, Pl. 12 E32
Firing, Av. 12 E32
Fiset, Rue 22 K63-64
Fisher, Rue 35 P47
Flamingo Dr. 16 G36
Fleet, Rue (HMS) 36 R49-50
Fleet, Rue (OUT) 37 Q55
Fleet Dr. 13 F35 16 G35
Fleming, Ch. 28 O54
Fleming, Rue (DDO) 14 E42
Fleming, Rue (PFD) 15 C-D43
Fletcher, Av. 40 Q68
Fletchers, Ch. 13 F34
Fleuricourt, Rue 29 N-O62
Fleurie, Terr. 31 O72
Fleurimont, Rue de 38 Q-R58
Fleurs, Pl. des 17 G40
Fleury, Pl. 28 L-M54
Fleury, Terr. 28 L-M54
Fleury E., Rue 28 L55-57 29 L58-60
Fleury O., Rue 28 L-M55 M54
Fleuve, Cours du 48 Z54-55
Floralies, Ch. des . . .44 W59 49 X58 X59
Flore, Rue de la 23 K71
Florence, Av. 16 J37
Florence, Rue 14 E41
Florence, Rue de 20 K55 28 L55
Florian, Rue 44 T60
Florida Dr. 16 G36
Foch, Av. 47 Y49
Follereau, Rue 29 O62
Fondateurs, Pl. des . . .29 N62 30 N63
Fonderie, Rue de la 38 S60
Fontaine, Pl. de la 48 Z54
Fontaine, Rue 41 W47 42 W48
Fontenay, Rue de 13 C36
Fonteneau, Pl. 39 P-Q66
Fonteneau, Rue 39 P-Q66
Fontenelle, Rue 30 O63
Fontenoy, Rue 29 M62
Fontevrault, Av. 30 N65
Forbes, Rue (MTL) 19 K52
Forbes, Rue (PFD) 14 D38
Forbes, Rue (SAB) 12 D29
Forbin-Janson, Rue de 39 Q67
Forden, Av. 43 T-U53
Forden Cr. 43 T-U53
Forest, Av. 25 M-N41
Forest, Ch. 16 G35-36
Forest, Rue (DDO) 18 G44
Forest, Rue (MTN) 29 L60-61
Forest Gdns., Av. de 17 J40
Forest-Hill, Av. 43 T53
Forêt, Boul. de la 48 Y-Z53
Forêt, Ch. de la 37 S55
Forge, Rue de la 38 S60
Forges, Rue des 29 O61-62
Forget, Rue 11 B42
Forget, Terr. 46 X46
Forsyth, Rue (DDO) 14 F41
Forsyth, Rue (MTL) . . . .
. . . .31 O71-72 32 M76-77 N73-75 40 P70
Fort, Rue du 5 H-J9 43 U-V54
Fortier, Pl. 28 N53
Fortier, Rue 15 E45

Fortifications, Rlle des . . . .
. . . . .6 K13-14 43 V56-57
Fortin, Av. 22 H-J63
Fortin, Pl. 25 M-N41
Fortin, Rue 15 C43
Fort-Lorette, Rue du 20 K57
Fort-Rémy, Rue du 41 U45
Fort-Rolland, Rue du 35 R44
Fortune, Rue 48 X54
Foster, Rue 13 D-E36 E36-37
Fothergill, Av. 41 W45
Foucauld, Rue de 24 K69
Foucher, Av. 28 M-N56 O57
Fougeray, Av. de 30 O66
Fougères, Av. des 11 A-B42
Fougères, Cours des 48 Z54-55
Fountain, Rue 18 H43
Fournier E., Rue 11 Y-Z39
Fournier O., Rue 11 Y-Z39
Fox, Rue 14 D42
Foxhill, Rue 15 F43
Foxwood, Av. 17 K41
France, Rue 14 E42 15 E43
Franchère, Rue 38 S59 44 T59
Francheville, Rue (MTL) .28 L57 29 L58
Francheville, Rue (SLN) 29 M62
Francine-McKenzie, Rue 39 P66
Francis, Rue (MTL) 28 L57
Francis, Rue (PFD) 15 D43
Francœur, Rue 41 V-W45
François, Rue 48 Z53
François Lenoir, Rue 35 O45
François-Armand, Pl. 22 K66
François-Audet, Rue 28 M54
François-Beau, Rue 32 O73
François-Blanchard, Av. .32 K67 30 L67
François-Boivin, Rue . .30 O64 39 P64
François-Bricault, Rue 31 N71
François-Cusson, Rue . . . .
. . . . .26 O44 35 P44 P45
François-Davignon, Av. 39 O64
François-Derome, Pl. 31 L68
François-Dugas, Rue 20 K53-54
Françoise-Langlois, Rue 32 N75
Françoise-Loranger, Pl. .19 K48 27 L48
François-Harel, Rue 32 N74
François-H-Prévost, Rue . . .29 N58
François-Huot, Rue 23 K71
François-La Bernarde, Pl. . . .32 M77
François-Larocque, Av. 22 K67
François-Perrault, Boul. .29 O60 38 P60
François-Premier, Rue . . . .
. . . . .29 L61-62 M61-62
Franklin, Av. 28 O53-54
Franklin, Ch. 16 J36-37
Frank-Scott, Av. 32 L73
Frank-Selke, Rue 48 X55
Frank-Toope, Rue 13 F37 16 G37
Fraser, Rue (PFD) 14 C42
Fraser, Rue (SLR) 27 N50
Fréchette, Rue 19 J51
Frédéric-Chopin, Rue 39 S67
Frederick-Banting, Rue . .18 K44-45
Frédérick-Olmsted, Rue .23 K71 31 L71
Fredmir, Rue 14 D42 E42 15 D43
Frégault, Rue 29 N61
Frémont, Rue 28 M56
French, Rue 39 Q-R67
Frênes, Rue des 31 O72
Frenette, Rue 27 M50
Frère-André, Rue du 37 S53
Freud, Av. 36 Q49
Frigon, Pl. 20 K53 28 L53
Frigon, Rue 20 K53 28 L53
Friponne, Rue de la 6 K-L15
Frobisher, Av. 17 H38
Frobisher, Rue 37 Q53
Frontenac, Av. 17 G40
Frontenac, Rue (DDO) 17 G41
Frontenac, Rue (MTL) . . . .
. . . . . . .38 S59 44 T59 T-U60

Fullum, Rue 38 R-S59 44 T-U59
Fulton, Ch. 27 O52 36 P52
Fulton, Rue 36 S52
Futailles, Rue des 39 S66
Fyon, Rue 35 S46 41 T46

Gables Ct. 16 H35
Gaboury, Rue 44 T62
Gabrielle-Roy, Av. 30 O67
Gabrielle-Roy, Rue (MTL) . . .23 K69
Gabrielle-Roy, Rue (VRD) . . .48 Z54
Gabriel-Voisin, Av. 23 J68
Gaétan-Labrèche, Rue 19 K48
Gage, Ch. 43 T54
Gagné, Rue 46 X-Y47
Gagnier, Rue 15 E-F45
Gagnon, Rue 28 O54
Galarneau, Rue 46 X47
Galets, Pl. des 29 N62
Galets, Rue des 29 N62
Galibert, Rue 39 Q66
Galinée, Av. de 28 M57
Galinée, Pl. de 28 M57
Galland, Boul. 35 P43
Galt, Rue 42 W51-52 47 X52
Galt Cr. 42 W51
Gamble, Av. 40 Q70
Gamelin, Rue (LSL) 46 X-Y47
Gamelin, Rue (MTL) 39 R65
Gamelin, Rue (SGV) 14 E38
Garand, Rue 26 M47 27 M48
Garden, Ch. 36 S48
Garden, Cr. 25 O42
Garden City, Av. 12 C-D29
Gardenia, Rue 14 F41
Gare, Rue de la 21 J-K62
Gareau, Rue 6 J17 44 U58
Gariépy, Av. 21 J60-61 K60
Gariépy, Rue 14 E42
Garland, Pl. 36 R51
Garland, Rue 14 E39-40
Garneau, Rue 37 R57
Garneys, Rue 19 K50
Garnier, Rue . .28 L57 29 O58 38 P-S58
Garnier, Terr. 28 L57
Garon, Av. 21 J-K61 29 L61
Garrison La. 16 H34
Gascon, Av. 44 T59-60
Gascon, Rue 15 D43
Gaspé, Av. de . . .28 O56 37 P56 P-R57
Gaspé, Rue de (DDO) 18 G45
Gaspé, Rue de (VRD) 48 Z53
Gaspésie, Rue 29 M61
Gaston, Rue 13 D37
Gaston-Maillet, Av. 23 K68
Gaston-Nolin, Rue 32 N73
Gaston-Ramon, Av. 23 J68
Gateway, Av. 17 K39
Gatien-Claude, Rue 14 D38-39
Gatineau, Av. 37 R-S53
Gaucher, Rue 14 E38-39
Gauron, Boul. 41 U47
Gauthier, Rue (DDO) 14 E-F40
Gauthier, Rue (MTL) 44 T59
Gauvin, Rue 5 K-L12 43 V56
Gauvreau, Rue 29 M62 30 M63
Gay Cedars, Rue 12 E29
Gayton, Rue 36 R50
Gazaille, Rue 14 F40
Gélinas, Rue 12 E32
General-Brock, Rue 15 F44
Général-Giraud, Rue du 19 K51
Généreux, Rue 38 S58-59
Gênes, Rue de 29 O61
Geneva, Cr. 37 Q53
Geneviève, Rue 13 D37
Gennevilliers-Laliberté, Pl. . . .44 T62
Gentilly, Rue 25 O42
Geoffrion, Rue 19 J-K49
George, Rue 46 X47 47 X48

George, Terr. 46 X46
George-Leclaire, Av. 41 T46-47
Georges, Av. 30 O67
Georges, Rue 14 E40
Georges-Arless, Rue 32 L73
Georges-Baril, Av. 28 L56
Georges-Bizet, Rue 39 S67
Georges-Brault, Rue 41 V45
Georges-Corbeil, Rue . .29 N62 30 N63
Georges-Delfosse, Carré 27 L48
Georges-Guilbeault, Sq 37 R57
Georges-Monarque, Pl. 23 K68 31 L68
Georges-Pichet, Av. . .21 J-K62 29 L62
Georges-V, Av. 40 Q68
Georges-Vanier, Av. 15 E44-45
Georges-Vanier, Boul. 5 K-L9 43 V-W54
Georges-Vermette, Rue 31 O72 32 O73
George-V, Av. (DVL) 26 O43 35 P43
George-V, Av. (LCH) 41 T45-46
Georgia, Av. de 17 H-J41
Gerald, Av. 47 X-Y49
Gérard-Morisset, Av. 39 Q64
Gérard-Picard, Rue . . .31 L72 32 L73
Gérin, Rue 30 O63
Gérin-Lajoie, Av. 39 O63-64
Germain, Av. 22 J64
Germain, Rlle 44 T62
Germain-Charland, Rue 23 K69
Germaine-Guèvremont, Rue .28 M54
Gerry-Boulet, Rue 38 R58
Gershwin, Rue 14 F39
Gertrude, Rue 48 X53
Gertrude-Gendreau, Rue 22 J65
Gervais, Av. 30 L63
Gervais, Rue (KRK) 16 G37
Gervais, Rue (LSL) 41 V47
Ghislaine, Rue 41 W46
Gibbons, Rue 43 W53
Gibeault, Rue 32 O73
Giffard, Rue 30 M63
Giguère, Rue 41 W47
Gilbert-Barbier, Av. 22 J-K66
Gilford, Av. 13 F35
Gilford, Rue 37 S57 38 R60 S58-59
Gilles, Rue (IBZ) 10 B37 11 B38
Gilles, Rue (PFD) 14 D-E39
Gilles-Boivin, Rue 22 J66
Gilles-Hocquart, Pl. 19 J50
Gilles-Trottier, Pl. 30 L67 31 L68
Gilles-Trottier, Rue 31 L68
Gilles-Villeneuve, Circ .44 W59 49 X58
Gilmore, Av. 42 W52
Gilmour, Rue 18 G46
Gince, Rue 28 O54
Gingerwood, Rue 16 G36
Gingras, Av. 21 K59
Giovanni-Caboto, Rue (LSL) .41 W47
Giovanni-Caboto, Rue (SLN) .30 M64
Girard, Rlle 44 T61-62
Girardin, Pl. 29 M62
Girardin, Rue 29 M62
Giraud, Av. 30 N64
Girouard, Av. (DVL) 34 P42
Girouard, Av. (MTL) 42 T-V51
Giroux, Rue 41 W46
Giverny, Rue de 13 C-D36
Glacis, Rue du 6 K17 44 V58
Gladstone, Av. 5 H-J8 43 U-V54
Gladstone, Rue 42 W52
Glaïeuls, Rue des 22 K63
Glamis, Rue 15 E43
Glandelet, Rue 29 M62
Glanlynn, Av. 17 K40
Glasgow, Av. de 17 H39-40
Glen, Ch. 42 U-V52
Glenarden, Av. 36 R48
Glenbrook, Av. de 17 J41
Glenbrooke, Rue 14 E-F42
Glencairn, Av. 36 S52 42 T52
Glencoe, Av. 37 Q53 Q53-54 R54
Glencrest, Av. 36 R-S49

Glendale, Av. (BCF) 16 J36
Glendale, Av. (OUT) . . .37 Q54-55
Glendale, Rue 14 D39-40
Glenforest, Av. 17 G39
Glengarry, Av. (BCF) 13 F35-36
Glengarry, Av. (TMR)
. . . . .27 O52 28 O53 36 P52
Glengarry, Pl. 25 M-N41
Glenmore, Rue (HMS) 36 R-S50
Glenmore, Rue (ROX) . . .18 G43-44
Glenn, Rue 18 H45-46
Glenwood, Av. 37 Q53
Globert, Rue 36 S51-52
Gloria, Rue 41 W46
Godard, Rue 18 H46
Godbout, Rue de 41 W45-46
Godbout, Terr. de 41 W45-46
Godfrey, Av. 42 T50
Godin, Av. 25 L40
Godin, Rue 47 X-Y51
Goguet, Rue 32 O73
Gohier, Rue 27 M-N51
Gold, Rue 27 O50
Goldfinch, Av. 25 L41-42
Goldsbrough, Rue 47 X48
Golf, Av. du 16 J-K37
Golf, Boul. du 30 M-N67
Golf, Ch. du (MTL) 19 J50
Golf, Ch. du (VRD) 48 Y53-54
Golf, Rue du 11 A40 Z40-41
Goncourt, Av. 30 O66 39 P66
Gonthier, Av. 40 Q68-69
Gordon, Pl. 25 M42
Gordon, Rue 47 X52
Gordon Cr. 43 T53
Gordon-McGregor, Av. 25 M42 26 M43
Gorman, Av. 37 S56
Gosford, Rue 6 K-L15 43 V57
Gosselin, Rue 27 N52
Gougeon, Rue 26 N47
Gouin, Imp 22 J64
Gouin E., Boul. 21 J60-61 K58
. . . . .22 H-J63 J67 23 K70-72
. . . . .24 K73-74 32 L77
Gouin O., Boul. 10 B34 13 C36 C-D37
. . . .14 D38 15 D43 E45 18 H47
. . . .19 J48-49 J51-52 20 K54
Goulet, Av. 6 G-H18 44 T59
Goulet, Rue 27 M-N49
Gounod, Av. 28 O56-57
Gowans, Av. 41 T-U47
Gowdridge, Rue 13 E36-37
Goya, Rue 29 M61
Goyer, Ch. 37 Q53
Goyer, Rue 37 Q53-54
Grace-Shantz, Ave 13 F34-35
Graham, Boul. (DVL) . . .25 L41-42
Graham, Boul. (TMR)
. . . .27 O52 36 P52 P52 37 P53-54 P-Q55
Graham, Dr. 14 E40
Granada Dr. 14 E-F38 F39
Granby, Av. de 39 R64-65
Granby, Pl. de 39 R64-65
Grand Boul.evard 36 S50 42 T-U50
Grandbois, Rue 29 L-M62
Grand-Duc, Rue du 48 Z53
Grande-Allée 28 L-M55
Grande-Allée, Av. 40 P70 P-Q71
Grande-Allée, Rue de la . .48 Y-Z54
Grandes-Prairies, Boul. des
. . . . . . .29 L60-61 30 L63-64
Grand-Pré, Rue de 37 S57
Grandtree Ct. 13 D-E34
Grand-Trunk, Rue 43 W54-55
Grandview, Av. 17 G40
Grange, Av. 17 H40
Granger, Rue 15 D43
Grant, Av. 15 F44
Grant, Rue 44 U59
Granville, Rue 36 S50-51
Grasset, Rue 29 M62

Grassmere, Av. 17 J38
Gratton, Rue (MTL) . .31 O71-72 32 N74
Gratton, Rue (SGV) 14 D40
Gratton, Rue (SLR) 27 N-O50
Gravel, Rue (LSL) 41 V46
Gravel, Rue (PFD) 15 D43-44
Graveline, Rue 26 O47
Gray Cr. 12 F52
Gray-Cir., Rue du 27 N50
Greaves, Rue 22 H-J64
Green, Cir. 35 P43
Green Lane, Rue 18 J47 19 J48
Greene, Av. 5 H-L7 43 U-V54
Greenfeld, Terr. 41 W45
Greenfield, Rue 14 F41
Greenoch, Av. 37 Q55
Greenshields, Rue 37 P55-56
Greenview, Rue 15 E-F43
Greenwood, Av. 36 R48
Greenwood, Rue 14 D-E42
Greenwood Dr. 16 G33-34
Grégoire, Rue 32 O73
Grenache, Rue 30 N66
Grenet, Rue 19 J-K51 27 L-M51
Grenfell, Av. 27 O52 36 P52 37 P53
Grenier, Rue 12 C32
Grenville, Av. 43 T53
Grey, Av. 42 T-U52
Grey, Rue 14 D42
Greystone, Av. 14 F39 17 G39
Grier, Rue (PFD) 13 D-E37
Grier, Rue (SAB) 12 C28
Griffin, Av. 35 P43
Griffith, Rue 27 O48
Grilli, Pl. 10 A36
Grilli, Rue (KRK) 13 F37 14 F38
Grilli, Rue (PFD) 13 E37
Grimard, Rue 28 M-N53
Groll, Rue 37 R56
Grosbois, Rue de 39 P-Q67
Grosvenor, Av. (BCF) 16 G35
Grosvenor, Av. (MTL, WMT)
. . . . .36 S52 42 T-U52
Grou, Rue 27 O52
Grouard, Rue 30 M-N63
Groulx, Rue 15 F45
Grove, Rue 14 E39
Grove Pk. 5 G-H7 43 U53
Grovehill, Pl. 42 T51
Guay, Pl. 43 V53
Guay, Rue 11 B39 14 C39
Guelph, Ch. 35 R47 36 R48
Guénette, Rue 19 K48 27 L48
Guérin, Rue 28 L53
Guertin, Pl. 27 N52
Guertin, Rue 19 J-K52 27 L-M52
Guilbault, Rue 6 G14 43 T57
Guillaume, Rue 13 D37
Guillaume-Chambon, Pl. 28 L57
Guillaume-Chartier, Rue 32 O73 40 P73
Guillaume-Couture, Av. 39 P64
Guillaume-Couture, Pl. 42 T51
Guillaume-Richard, Av. . .22 J66-67
Guillet, Pl. 38 S61
Guimond, Rue 44 T62
Guindon, Terr. 38 S59
Guinois, Rue 38 P60
Guizot E., Rue 28 O56-57
Guizot O., Rue 28 O56
Gun, Av. 17 H41
Gustave-Bleau, Rue 39 Q66
Gustave-Francq, Av. 23 J-K68
Guthrie, Av. 26 O44
Guy, Av. 30 N-O67
Guy, Rue 5 J-L10 43 U-V55
Guy-Bouchard, Boul. 42 U49
Guybourg, Av. 39 S64 45 T64
Guyenne, Rue de 30 N63
Guy-Frégault, Rue 6 K15
Guy-Hoffman, Rue 19 K48
Guy-Sanche, Pl. 19 K48

Hachez, Rue 41 V46
Hadley, Rue (DDO) 15 F43 18 G43
Hadley, Rue (MTL) .42 W50 W51 47 X50
Haendel, Rue 14 E38-39
Haig, Av. 39 R-S65
Halford, Ch. 16 G34
Hall, Rue (MTL) 48 X54
Hall, Rue (VRD) 48 Z53
Halles, Av. des 30 O64
Hallowell 5 J7 43 V53
Halpern, Av. 26 N-O44
Halpern, Rue 18 K46 26 L46
Hamel, Av. 28 L57
Hamel, Rue 14 D39
Hamelin, Av. 21 K58 29 L-M58
Hamilton, Pl. 25 M-N41
Hamilton, Rue 42 W51 47 X50
Hamlet, Rue 14 E39
Hamon, Rue 28 L54
Hampshire, Ch. 16 H35
Hampshire, Cr. 16 H36
Hampstead, Rue 36 R50-51
Hampton, Av. 42 T-U50
Hampton Court, Rue 14 F40
Hampton Gdns., Av. d' . . .17 K38-39
Handfield, Cir. 35 P43
Hanover, Ch. 28 O53 37 P53
Hansen, Av. 16 J36
Hans-Selye, Rue 13 E35-36
Harbridge, Rue 14 E40
Harding, Rue 13 E35
Hardouin, Rue 13 D36
Hardy, Rue 41 V46-47
Harfangs, Rue des . . .27 L49-50 M50
Harland, Ch. 36 Q-R50
Harland, Pl. 36 Q-R50
Harley, Av. 42 T-U48
Harmony, Rue 44 T59
Harmony Dr. 13 E37
Harold, Cr. 16 G36
Harold, Rue 14 D-E39
Harriet-Quimby, Rue 27 L50
Harriet-Tubman, Cr. 23 K70-71
Harrigan, Rue 41 V47
Harris, Rue (IBZ) 10 Z36
Harris, Rue (PFD) 14 E40
Harris, Rue (SLR) 28 N-O53
Harrow, Cr. 36 R50
Harrow, Pl. 16 H34
Harrow, Rue 36 R50
Harry-Worth, Rue 14 D40-41
Hartenstein, Rue 27 O51
Hartford, Av. 17 J38-39
Hartland, Av. 37 Q-R55
Hartwell, Av. 36 R49
Harvard, Av. 36 S51 42 T-U51
Harvey, Rue 15 C43
Harwood, Av. 15 E-F44
Harwood Gt. 16 H37
Hasting, Av. 14 E-F40
Hastings, Av. 17 H-J40
Haut-Anjou, Boul. du 30 N65
Haut-Anjou, Pl. du 30 N65
Hautbois, Rue du 30 O63
Hautvilliers, Terr. les 37 R55
Haverstock, Rue 36 S50
Havre, Rue du 4 T-U60
Hawarden, Av. 5 J8-9 43 V54
Hawthorne, Rue 12 F32
Hawthorne Dr. 14 E38
Hayward, Rue 41 V45
Hazel, Rue 18 G44-45
Hazelnut, Cr. 14 E39
Hazelnut, Rue 14 E39
Hazelwood, Av. 37 R54
Hazelwood, Rue 14 E42
Hearne, Av. 17 J41
Heath, Ch. 36 S50
Heath, Pl. 36 R50
Heather, Av. 17 J38
Hébert, Av. 21 J-K61 29 L60

Hébert, Pl. 29 O61
Hébert, Rue (DDO) 14 D-E41
Hébert, Rue (LSL) 42 W48 47 X48
Hébert, Rue (SLR) 27 O52
Hector, Av. 40 O68
Hector-Barsalou, Rue 39 S66
Hector-Bernier, Pl. 31 L68
Hector-Desloges, Rue 39 P-Q63
Hector-Lamarre, Av. 22 H-J63
Hedgerow, Rue 13 F37 14 E38
Hélène, Rue (LSL) 41 W46-47
Hélène, Rue (PFD) 13 C37
Hélène-Baillargeon, Rue 37 R57
Hélène-Ballon, Rue 32 N73
Hélène-Boullé, Pl. . . .19 J52 20 J53
Hemingway, Rue 14 F41
Hemlock, Rue 16 H36
Hénault, Av. 21 J-K62 K61-62
Henley, Av. 37 P54
Henley, Rue 17 G41-42
Henri-Beau, Av. 19 J48
Henri-Beau, Pl. 19 J48
Henri-Béland, Av. . . .19 H49-50 J49-50
Henri-Bourassa, Pl. 28 M53
Henri-Bourassa E., Boul. . . . .
. . . . .21 J-K61 K58-59 22 K63
. . . .28 L56-57 30 L63 L64 L66 31 M71-72
Henri-Bourassa O., Boul. . . . .
. . .18 K47 19 K48-50 27 L51-52 28 L54-55
Henri-Brien, Rue 29 O58-59
Henri-Christophe, Rue 31 L71
Henri-Daoust, Rue 13 E-F37
Henri-d'Arles, Rue 19 J50
Henri-de-Salières, Av. 39 R64
Henri-Deslongchamps, Av. . .38 R61
Henri-Duhamel, Rue . .43 W53 48 X53
Henri-Dunant, Rue 35 R44-45
Henrietta, Av. 21 J61
Henri-Fabre, Rue 14 C-D42
Henri-Gagnon, Rue 22 K66
Henri-Gauthier, Pl. 28 N57 29 N58
Henri-Gauthier, Rue 28 N57 29 N58
Henri-IV, Rue 37 O56
Henri-Jarry, Rue 13 F34
Henri-Julien, Av. . . . .
6 G-H15 28 N-O56 O57 37 P-S57 43 T-U57
Henri-M.-Perrault, Av. 32 M76
Henri-Miro, Av. 39 P64
Henri-Valade, Rue 38 R60
Henri-Vanière, Pl. 31 L68
Hepworth, Rue 46 X46
Hérelle, Rue d' .29 N59 N60-61 O59-60
Hérisson, Av. 30 M65
Heritage, Ch. 12 F32
Heritage Way 13 D34
Hermine, Rue 6 K13 43 V56
Hermiston, Av. 17 J40
Hermitage, Av. . . .14 F39 17 G39 J39-40
Herron, Ch. 25 L-M41 N42
Herron, Cr. 25 M41
Hertel, Rue 14 C-D42
Hervé, Rue (IBZ) 11 B42 14 C42
Hervé, Rue (MTL) 18 J47 19 J48
Hervé-Cloutier, Rue 32 N73
Hervé-Saint-Martin, Rue . . .26 M45
Hervey, Av. 17 G39
Hêtres, Av. des 11 A42-43 B42-43
Heywood, Ch. 36 R48-49
Hibernia, Rue d' 43 W54 48 X54
Hickmore, Rue 35 P47 36 P48
Hickory, Av. 17 J38
Hickory, Rue 14 F41-42
Hickson, Rue 47 X52 48 X53
Highfield, Av. 28 O53-54
Highgate, Av. 17 J38
Highgate, Rue 14 D-E42
Highland, Av. 43 T54
Highland, Rue 14 D-E39
Highlands, Av. 41 U45
Highridge, Ch. 16 G-H35
Hilary, Av. 17 H40

Hill Park, Ch. 43 T54
Hillcrest, Av. (LCH) 41 T47
Hillcrest, Av. (PCL) 17 K39
Hillcrest, Rue 13 E37
Hillgate, Rue 16 G-H37
Hill-Park-Circle, Rue 43 T54
Hills, Rue 27 N50
Hillsdale, Ch. 37 Q-R54
Hillsdale, Rue 14 E39-40
Hillside, Av. (PCL) 17 K39
Hillside, Av. (WMT) 43 V53
Hillside La. 5 J7 43 U-V53
Hillsite, Rue 12 F32 16 G32
Hilltop, Rue 13 E37
Hilton, Rue 18 H44-45
Himalaya, Pl. de l' 27 M50
Hingston, Av. 36 S50 42 T-U50
Hinton, Av. 40 O71
Hippolyte-Lanctôt, Rue 39 P66
Hislop, Rue 27 O52
Hochelaga, Rue . .6 G18 39 R64-67 S63
. . . . .40 Q68-69 44 T59-60
Hocquart, Rue 27 N49
Hodge, Av. 27 O52 28 O53
Hogan, Rue 38 S59-60 44 T60
Hogue, Rue 28 L-M54
Holiday, Av. 17 H39-40
Holland, Ch. 36 R49
Hollis, Ch. 16 G35-36
Holly, Rue 36 R50
Holmdale, Rue 36 S51
Holon, Cr. de 35 S44-45
Holt, Rue 38 O60 R59
Holtham, Pl. 36 R-S50
Holtham, Rue 36 S50
Holton, Av. 5 G8 43 U54
Holy-Cross, Rue 42 W51 47 X51
Honfleur, Rue de 30 N63
Honoré-Beaugrand, Pl. 39 Q66
Honoré-Beaugrand, Rue 39 Q-S66 S67
Honoré-de-Balzac, Ch. . . .36 Q-R49
Honoré-Mercier, Rue . .29 M62 30 M63
Honoré-Primeau, Pl. 23 K69
Honoré-Vaillancourt, Rue . . . .
. . . . .22 K65 30 L65
Hope, Av. 5 J9 43 V54
Hope, Rue 14 F42 15 F43
Hôpital, Rue de l' 6 L13 43 V57
Horizon, Av. de l' 16 J-K37
Hormidas-Deslauriers, Rue 35 P45-46
Hornell, Av. 17 J40
Hornell, Pl. 15 E44
Hortie, Rue 18 H46
Hospice-Bourget, Rue de l' . . .44 T61
Hôtel-de-Ville, Av. de l' (MTL) . . . . . .
. . . . .6 G14-15 37 S57 43 T-V57
Hôtel-de-Ville, Av. de l' (MTN) . . . . .
. . . . .21 J-K61 29 L60-61 L61
Hôtel-de-Ville, Pl. de l' 21 K61
Hôtel-de-Ville, Rue de l' . .17 G-H42
Houde, Rue (KRK) 13 E-F36
Houde, Rue (MTN) 22 J63-64
Houde, Rue (SLR) 27 O52
Houel, Rue 30 O63
Howard, Rue 15 E43
Huards, Rue des 48 Z53
Hudon, Rue 44 U61
Hudson, Av. (CSL, MTO) . . .35 R-S47
Hudson, Av. (TMR) 37 P53
Hudson, Av. (WMT) 5 G7 43 T-U53
Hudson, Ch. 37 Q-R53
Hudson, Rue 15 D43
Huet, Av. 44 U60
Hufford, Rue 27 M50
Hugo, Rue 14 D-E39
Huguet-Latour, Rue . .22 K67 23 K68
Huissiers, All. des 6 K14
Hull, Rue de 41 V46-47
Hunter, Rue (MTL) 5 J9 43 W54
Hunter, Rue (PFD) 15 D43-44
Huntington, Rue 14 C42 15 C43

Huot, Rue 22 K63-64
Huron, Rue (DDO) 14 E-F39
Huron, Rue (MTL) 6 H18 44 T59
Hurstwood, Av. 17 J40-41
Hurteau, Av. 22 J63-64 K63
Hurteau, Rue (DDO) 14 F40
Hurteau, Rue (MTL) 42 W50
Hutchins, Pl. 25 M42
Hutchison, Rue
. . . . .6 G-H13 37 P-S56 43 T-U56
Hyde Park 16 J36
Hydepark, Av. 25 L41
Hyman, Rue 18 G43-44 H45
Hymus, Boul. 13 F37 16 G37
. . . . .17 G38 H38-41 J42 18 J43-45

Iberville, Rue 17 G42
Iberville, Rue d'
. . . .21 K59 29 L-M59 38 P-S59 44 T-U59
Ida-Steinberg, Rue 39 S63 45 T63
Ilan-Ramon, Cr. 36 Q-R49
Île-Barwick, Rue de l' 14 C42
Île-de-la-Visitation, Rue de l' .21 K58
Île-des-Soeurs, Boul. de l' .48 Z53-54
Imperial, Rue 14 E40
Industrie, Rue de l' 30 N66
Industriel, Boul. (MTL) 31 N72
Industriel, Boul. (MTN)
. . . . .29 L60-62 30 L63
Industriel, Boul. (SAB) 12 D32
Ingleside, Av. 43 U53
Inglewood, Av. 17 H-J38
Inglewood, Rue 14 F42
Innovation, Rue de l' 30 M-N67
Inspecteur, Rue de l' 5 L12 43 V56
Invention, Imp de l' 30 M67
Inventions, Rue des 31 N68
Inverness, Av. 36 P52
Iona, Rue 36 S52
Irène, Rue 5 J-K7 43 V53
Irène-Joly, Rue 29 L-M59
Irène-Sénécal, Rue 32 M77
Iris, Rue des (MTL) 23 K71
Iris, Rue des (MTN) 22 K63
Irlandais, Rue des 48 X56
Irma-Levasseur, Rue 22 K66
Iroquois, Ch. 28 O54
Iroquois, Rue (BDU) 12 F31
Iroquois, Rue (DDO) 18 G44-45
Irvine, Av. 43 U-V53
Irving, Rue 15 F43
Irwin, Av. 42 V50 W49-50
Isaac, All. 6 K14 43 V57
Isabella, Av. 36 S51-52
Isabelle-Moyen, Pl. 14 C40-41
Isabey, Rue 27 O49
Island, Rue 43 W54
Ivan-Franko, Rue 35 R44
Ivanhoe, Av. d' 17 J41

J.-A.-Descarries, Rue 35 R45
J.-A.-Rouleau, Rue 23 K69
J.-B.-Martineau, Rue 29 L61-62
J.-E.-Fournier, Cr. 41 T47
J.-J.-Gagnier, Rue . . .21 K59 29 L-M59
J.-J.-Joubert, Av. 31 L69
J.-M.-Lefebvre, Rue 29 M62
J.-O.-Nantel, Rue 11 B41
J.-Omer-Marchand, Rue .32 M76-77
J.-René-Ouimet, Rue 30 L66
J.-S.-Aimé-Ashby, Terr. 35 R45
J.-W.-Brasseur, Rue 41 T47
Jacinthes, Rue des (MTN) . .22 J-K63
Jacinthes, Rue des (SGV) 14 D38
Jackson, Av. 17 K39
Jacoban, Rue 41 T-U47
Jacqueline, Rue 41 V47
Jacques, Rue 10 Z36
Jacques-Archambault, Rue 32 M-N77

Jacques-Bizard, Boul.
. . . . .11 B40 14 C-D40 D-F39
Jacques-Bizard, Rue 28 L54
Jacques-Boisseau, Pl. . .23 J69 J-K68
Jacques-Campot, Rue 23 K69
Jacques-Cartier, Pl. . . .6 K-L14 43 V57
Jacques-Casault, Rue .28 N57 29 N58
Jacques-Chan, Rue 13 E35
Jacques-Chevrier, Av. 25 M42
Jacques-David, Rue . . .11 B40 14 C40
Jacques-Grenier, Av. 42 T51-52
Jacques-Hertel, Rue
. . . . .42 V50 V-W51 47 X51
Jacques-Lauzon, Rue 48 X53-54
Jacques-Lemaistre, Av. 29 M58
Jacques-Lemaistre, Pl. 29 M58
Jacques-Léonard, Terr. 32 O73
Jacques-Noré, Rue 21 K58
Jacques-Porlier, Rue . .39 P67 40 P68
Jacques-Prou, Rue 16 G36
Jacques-Rousseau, Rue . .22 J66-67
Jaillet, Av. 17 J41
Jalesnes, Av. des 39 P65
Jalobert, Av. 39 O64
Jamay, Rue 29 M62
James, Rue 14 D-E40
James-Chadwick, Av. 26 L44
James-Huston, Pl. 27 L49
James-Morrice, Rue . . .20 K53 28 L53
James-Shaw, Rue 13 F34
Janville, Av. 26 N-O44
Jardin, Rue 43 W54-55
Jardine, Rue 18 H44-45
Jarry E., Rue
. . .28 O56-57 29 N62 O58-60 30 N63-66
Jarry O., Rue 28 O55-56
Jasmin, Pl. 19 J50
Jasmin, Rue 19 J-K50
Jason, Pl. 15 F44
Jasper, Av. 37 P54
Jasper, Ch. 16 J36-37
Jauron, Rue 19 K52
Javelin, Av. 25 M41
Jean, Rue 21 J61
Jean-B.-Meilleur, Rue . . .27 L48-49
Jean-Baptiste-Deschamps, Boul.
. . . . .35 P46
Jean-Beraud, Rue 42 W50
Jean-Bouillet, Rue 19 J-K50
Jean-Bourdon, Av. 19 J48-50
Jean-Bourdon, Pl. 19 J48
Jean-Brillant, Av. 15 E44
Jean-Brillant, Rue 36 S52 37 S53
Jean-Brillon, Rue 41 W47 42 W48
Jean-Bruchési, Rue . . .19 K49 27 L49
Jean-Carignan, Rue 32 M77
Jean-Charlebois, Cr. 16 G34
Jean-Chevalier, Av. . . .41 W47 42 W48
Jean-Darcet, Av. 22 J-K67
Jean-de-LaLonde, Rue 12 E31
Jean-Desprez, Av. 30 N-O67
Jean-Desprez, Pl. 30 O67
Jean-d'Estrées, Rue . .5 K11 43 V55-56
Jean-Gagnier, Rue 27 L49
Jean-Gascon, Rue .19 K48 K49 27 L49
Jean-Girard, Rue 43 U54
Jean-Grimaldi, Pl. 27 L48
Jean-Grou, Rue 31 N72 32 N73
Jean-Jalbot, Av. 22 J66-67
Jean-Langlois, Rue 44 U59
Jean-Lecompte, Rue 39 Q-R65
Jean-Leduc, Rue 31 O72
Jean-Marie-Landry, Av. 25 M42
Jean-Massé, Pl. 19 K52
Jean-Massé, Rue 19 K52 27 L52
Jean-Meunier, Av. 21 K62 29 L62
Jean-Milot, Rue (LSL) 41 U-V46
Jean-Milot, Rue (MTL) .30 O64 39 P64
Jean-N.-Charbonneau, Av.
. . . . .22 K67 30 L67
Jeanne-d'Arc, Av. . . .38 R-S61 44 T61

Jeanne-d'Arc, Pl. 44 T62
Jeanne-Jugan, Rue 39 P65
Jeanne-Lajoie, Rue 30 M63
Jeanne-Mance, Rue . .6 G-K13 20 K54
. . . . . .28 L54 L-O55 37 P-S56 43 U56-57
Jeannette, Rue 41 U45
Jean-Nicolet, Rue 29 N61-62
Jeannine, Rue 10 B35
Jean-Nollet, Av. 23 J68
Jeannotte, Rue 6 J17 44 U58
Jean-Paul-Cardinal, Av. 21 J62 22 J63
Jean-Paul-II, Rue 29 M61
Jean-Paul-Riopelle, Pl. . .6 K13 43 V56
Jean-Péré, Rue 31 L68
Jean-Pratt, Rue 28 N54
Jean-Prévost, Av. 25 M41
Jean-Quenneville, Rue 42 W48
Jean-Raimbault, Pl. 32 M-N73
Jean-Rainaud, Av. 22 J66-67
Jean-Renou, Rue 35 Q-R44
Jean-Rivard, All. 29 N60-61
Jean-Rivard, Rue 29 N59-61
Jean-Roby, Rue 37 P-Q56
Jean-Sicard, Rue 31 N72
Jean-Talon E., Rue
. . . . . . .30 O63-64 37 P56-57 38 P58-62
Jean-Talon O., Rue
. . . . .36 Q52 37 P55-56 Q53
Jean-Tavernier, Rue . .30 O64 39 P64
Jean-Tournois, Rue . . .20 K54 28 L54
Jean-Valets, Av. 30 L65
Jean-Viel, Rue 31 N-O71
Jean-Vincent, Av. 22 K66
Jean-Yves, Pl. 14 C39
Jean-Yves, Rue (IBZ) 14 C39
Jean-Yves, Rue (KRK) 13 E35
Jean-Yves-Bigras, Av. 23 K69
Jefferson, Av. 17 K41
Jeffrey, Rue 14 F-F42
Jellicoe, Av. 36 R48
Jenkins, Av. 26 N44-45
Jérémie, Rue 14 D38
Jérôme-Lalemant, Rue 23 J68
Jervis-Bay, Av. 17 J40
Jésuites, Rue des 20 K57
Jetté, Rue (LSL) 41 W46
Jetté, Rue (MTL) 39 Q-R65
Jockeys, Rue des 36 Q51
Joffre, Rue 39 P-O67 R67 40 R68
Jogues, Rue 42 V-W50
John-Abbott, Rue 44 T62
John-Campbell, Rue 42 V48
John-Easton-Mills, Rue 44 U61
John-F.-Kennedy, Rue 41 W46
John-Fisher, Av. 17 K41
John-Henry-Menzies, Rue 13 F34
John-Lyman, Rue 27 L48
John-McCurdy, Rue 27 L50-51
John-Pratt, Av. 25 N42
Johnson, Av. 36 P52
Johnson, Rue (PFD) 14 D38
Johnson, Rue (SLR) 27 N-O50
John-White, Rue 13 F37
Jolibourg, Rue 13 F36
Jolicoeur, Av. 41 T-U47
Jolicoeur, Rue (DDO, PFD) 14 D41
Jolicoeur, Rue (MTL)
. . . . .42 W50-51 W51 47 X51
Joliette, Rue 38 S61 44 T61
Joliot-Curie, Av. 22 K67 23 K68
Joly, Av. (MTL) 6 H15 43 V57
Joly, Rue (IBZ) 10 B37 13 C37
Joly, Rue (SNV) 15 E44
Joly, Terr. 13 C37
Joncaire, Cr. 11 B41
Joncaire, Rue 30 O64
Jonquet, Rue 29 M61-62
Jonquille, Rue 13 F37 14 F38
Jordan, Pl. 15 F44-45
Joron, Pl. 27 N49
Joron, Rue 15 D43

Joseph, Rue 47 X52 48 X53
Joseph-A.-Rodier, Rue . . .39 P-Q66
Joseph-Ainey, Rue 31 L72 32 L73
Joseph-Arthur-Cousineau, Rue . . . .
. . . . .42 V-W50
Joseph-Boyer, Av. 21 K62
Joseph-Casavant, Pl. . .27 L52 28 L53
Joseph-Casavant, Rue .20 K53 28 L53
Joseph-Daoust, Rue 39 Q65-66
Joseph-Dargent, Rue 32 O73
Joseph-De-Montenon, Rue 22 K66-67
Joseph-Doutre, Rue 27 L49
Joseph-Dubreuil, Rue 26 O45-46
Joseph-Dufresne, Rue 22 J63
Joseph-Édouard-Samson, Av. . . . . .
. . . . .19 H-J49
Joseph-Fortin, Av. 30 L67
Joseph-Guibord, Av. 29 N-O60
Josephine-Marchand, Rue 39 R-S67
Joseph-Janot, Rue 32 O73 40 P73
Joseph-Lahaie, Rue 13 D36
Joseph-Lamarche, Rue . . .29 L-M58
Joseph-Laurendeau, Rue 41 T47
Joseph-Lenoir, Rue. 19 K49
Joseph-Manseau, Rue . .5 J-K9 43 V55
Joseph-Mélançon, Av. 28 M57
Joseph-Mermet, Rue 32 M-N75
Joseph-Michaud, Pl. 22 J65
Joseph-Michaud, Rue 22 J65
Joseph-Morin, Rue 22 J66
Joseph-N.-Drapeau, Pl. . . .38 S60-61
Joseph-Nolin, Rue 40 O68
Joseph-Paiement, Rue . . .15 E43-44
Joseph-Piché, Rue 32 N73
Joseph-Quintal, Av. . . .28 N57 29 N58
Joseph-Renaud, Boul. .30 O66 39 P66
Joseph-Saint-Cyr, Rue 42 W49
Joseph-Saucier, Av. 19 J49
Joseph-Sawyer, Rue 14 D40
Joseph-Tassé, Av. 22 K66
Joseph-Tassé, Pl. 22 K66
Joseph-Tison, Rue 37 Q56
Joseph-Wilson, Rue 13 D36
Joubert, Av. 35 P43
Joubert, Rue (MTN) 21 K61
Joubert, Rue (SLN) 29 N62
Jourdain, Rue (DDO) . . .14 F41 17 G41
Jourdain, Rue (MTL) 38 R59
Jouvence, Rue de 14 D38
Jovette-Bernier, Rue 32 M75
Joyce, Av. 37 R55
Jubilée, Cr. 13 F34
Jubilée Sq., Av. de 17 J41
Jubinville, Av. 22 K64
Judith-Jasmin, Av. 30 N64
Juillet, Rue 28 O57
Jules-Auclair, Rue 22 J63
Jules-Colas, Rue 19 J-K52
Jules-Crépeau, Rue 28 M54
Jules-Dorion, Av. 21 K62
Jules-Fournier, Rue 21 K62
Jules-Janvril, Rue 11 B40
Jules-Léger, Rue 30 M66
Jules-Paul-Tardivel, Av. 21 K62 22 K63
Jules-Poitras, Boul. 28 M53
Jules-Tremblay, Av. 22 K66
Jules-Tremblay, Pl. 22 K66
Jules-Verne, Rue 37 P56-57
Julie, Rue 13 D37 14 D38
Julie-De-Lespinasse, Rue . . .31 L71
Julie-Gaudry, Rue 32 L73
Julien, Av. 16 K37
Juliette, Rue 41 V47 42 V48
Jumelages, Pl. des 39 P66
Jumonville, Pl. de 39 Q-R63
Jumonville, Rue de 39 Q63-64
June, Rue 14 F40
Juneau, Rue (LSL) 41 V46
Juneau, Rue (PFD) 14 E40
Juneau, Rue (SLN) 29 O62
Juniper, Rue 16 H36

Justine-Lacoste, Av. 30 M65

Kamouraska, Av. de 16 J37
Kanata, Av. 17 K42
Karin, Av. 17 J39
Karl-Lévêque, Av. 31 L70-71
Kathleen-Fisher, Rue . . .32 M74-75
Kaufman, Rue 19 K50
Kay, Ch. 36 S50
Keats, Rue 14 E40
Keiller, Cir. 35 P43
Keller, Boul. 19 K50
Keller, Pl. 19 K50
Kellert, Av. 36 Q-R49
Kelvin, Av. 37 R54-55
Kenaston, Av. 36 P52 37 P53
Kenilworth, Ch. 37 P53
Kenmore, Pl. 36 Q-R51
Kennebec, Rue 14 F41
Kennedy, Pl. 25 M42
Kennedy, Rue 27 M52
Kensington, Av. (BCF) 16 G35
Kensington, Av. (MTL) . .36 S50 42 T50
Kensington, Av. (WMT) 43 U53
Kent, Av. 36 R52 37 Q-R54 R53
Kent, Rue (PFD) 14 D42
Kent, Rue (SAB) 12 D28
Kenton, Av. 16 G-H37
Kenwood, Ch. 16 H36
Kernan, Cir. 34 P42 35 P43
Kesmark, Rue 17 G-H42
Kieffer, Rue 18 G44
Kieran, Rue 18 J46
Kilburn, Cr. 36 S50-51
Kildare, Ch. (CSL) . . .35 R47 36 R48-49
Kildare, Ch. (TMR) 28 O53
Killarney, Av. de 16 K37 17 K38
Kimber, Rue 14 D-E38
Kimberley, Rue 6 H13-14
Kincourt, Av. 36 R48
Kindersley, Av. . . .36 P52 Q52 37 P53
Kindersley, Pl. 36 P-Q52
King, Av. 17 K41
King, Rue (MTL) 5 L12 43 V-W56
King, Rue (PFD) 14 D-E40
King-Edward, Av. 36 R-S49 42 T49
Kingsley, Av. 25 N42
Kingsley, Ch. 36 S48
Kingsley, Rue 18 G-H44 H45
Kingston, Rue 14 D-E42
Kinkora, Av. 5 J10 43 V55
Kinkora, Rlle 25 L38
Kipling, Av. (BCF) 16 H37
Kipling, Av. (PCL) 17 J38
Kirby-Hall, Rue 30 O66 39 P66
Kirkfield, Av. 37 Q53
Kirkland, Boul. 13 F36 16 G36 G37
Kirkland, Pl. (DVL) 25 M41-42
Kirkland, Pl. (KRK) 16 G37
Kirkstone, Av. 17 J38
Kirkwood, Av. 16 H-J36
Kirwan, Ch. 36 R49
Kitchener, Av. 5 H7 43 U53
Kless, Rue 46 X47
Knowlton, Rue de 41 V45
Knox, Rue 43 W54 48 X54
Korczak, Cr. 36 R49
Krieghoff, Av. 36 Q49
Kuchiran, Rue 14 E38-39

L.-J.-Forget, Av. 30 L65-66
L.-O.-David, Rue 29 O58-60
La Dauversière, Rue 30 O63
La Durantaye, Rue 29 N-O62
La Salle, Boul. . . . .
. . . . .41 U-V45 46 X-Y46 47 Y48-49
Labadie, Rue 37 S56
Labarre, Rue 36 P51
Labatt, Av. 41 V45

Labelle, Rue (MTL) . . .6 J-K15 44 U58
Labelle, Rue (PFD) 14 D40
Laberge, Av. 12 C28
Laberge, Rue 11 B40-41
Labrador, Rue du 13 E-F36
Labrèche, Rue 13 E36
Labrecque, Rue 6 H-J16 44 U58
Labrie, Rue 39 P63-64
Labrosse, Av. 17 G40-41
LaBruère, Av. de 39 R66-67
Lacasse, Rue 43 V53
Lacey-Green, Rue de .13 E37 14 E38
Lachapelle, Rue (IBZ) 14 C40
Lachapelle, Rue (MTL) . . .19 J-K51
Lacharité, O. 47 X-Y49
Lachenaie, Rue 30 O63
Lacombe, Av. (IBZ) 11 B40
Lacombe, Av. (MTL) .36 S52 37 R53-54
Lacombe, Pl. 30 N63
Lacordaire, Boul. . . . .
. . . . . . .22 J-K63 29 M62 30 O63 39 P63
Lacordaire, Pl. 29 M62 30 M63
Lacordaire, Rue 39 Q-R63 R-S64
LaCorne, Rue 19 J50
Lacoursière, Pl. 30 M63
Lacoursière, Rue 30 M63
Lacquiers, Rue des 5 L7 43 W53
Lacroix, Av. 41 U45
Lacroix, Pl. 13 E35-36
Lacroix, Rue (DDO) 15 F43
Lacroix, Rue (MTL) 42 W49-50
Ladouceur, Pl. 14 C40
Lafayette, Rue 6 H16 44 U58
Laferté, Rue 30 N63
Lafford, Rue 13 E35
Laflamme, Av. 28 N56
Laflèche, Rue 39 R67
Lafleur, Av. 41 V45-46
Lafleur, Rue 48 X53
Lafond, Rue 38 Q-R60
Lafontaine, Rue 27 N51-52
LaFontaine, Rue 6 H16-17 H18
. . . . .39 S64-67 44 T61-62 U58-60
Laforce, Rue 6 J18 44 U59
Laforest, Rue 28 L53
Lafortune E., Pl. 27 N50
Lafortune O., Pl. 27 N50
Lafourcade, Rue 29 M62
Laframboise, Pl. 14 C-D40
Laframboise, Rue 28 M53
Lafrance, Rue (MTL) 38 S59
Lafrance, Rue (SLN) 19 K50
Lafrenaie, Rue 30 M-N64
Lagacé, Av. 13 E37
LaGalissonnière, Rue . .23 K71 31 L71
Lagarde, Rue 37 R57
LaGauchetière, Rue . . . .
. . . . .32 O73-74 40 P71-72
LaGauchetière E., Rue de . . . .
. . . . . . .6 K14-18 43 V57 44 U58-59
LaGauchetière O., Rue de . . . .
. . . . .5 K11-12 6 K13 43 V56-57
Lagrange, Rue 13 D36
LaHaye, Rue 29 M61
LaHontan, Rue 23 K72
Laird, Boul. 28 O54 37 P54 P-Q53
Lajemmerais, Rue 30 M63
Lajeunesse, Rue 28 L-N56 O57
Lajoie, Av. (DVL) 26 N-O44
Lajoie, Av. (OUT) 37 R55
Lake, Av. 25 L-M41
Lake, Rue 14 F41-42 17 G-H42
Lakebreeze, Av. 25 L40-41
Lakefield, Av. 40 Q69
Lakeshore, Ch. . . . .
. . . . .12 F30-31 16 G32-33 J36
Lakeshore, Ch. du . . . .
. . . . .16 K37 17 K38 K39 25 L38 L39
Lakeside, Av. 17 K39
Lakeside, Cr. 11 Y-Z40

Lakeview, Av. 17 K38-39
Lakeview, Boul. 13 F33 16 G33
Lakeview, Rue (BDU) 12 E-F31
Lakeview, Rue (PFD) 15 C43
Lalande, Boul. 15 F45 18 G46
Lalonde, Av. (DVL) 26 O44 35 P44
Lalonde, Av. (MTL) 6 H16-18 44 T59 U58
Lalonde, Rue 12 D28
Lamarche, Rue (DDO) 18 H44-45
Lamarche, Rue (SAB) 12 D28
Lamartine, Rue de 30 M65
LaMartinière, Rue 31 L69
Lambaréné, Rue 29 M61-62
Lambert, Rue 20 K57
Lambert-Closse, Rue
. . . . .5 H-J9 43 U54 V54
LaMennais, Rue 38 S58
LaMinerve, Pl. de 19 J52
Lamont, Av. 42 W49-50
Lamont, Rue 14 F42
Lamotte, Rue de 19 K51
Lamoureux, Av. 21 J-K62 29 L62
Lamy, Rue 22 K63
Lanark, Cr. 36 Q52
Lanaudière, Rue de . .29 O58 38 P-S58
Lancaster, Av. 17 K38
Lancaster, Rue 18 G44
Lancelot, Rue 13 E36
Landreville, Rue 48 Z54
Landry, Rue 39 S64
Langelier, Boul.
. . . . . . .22 J-K64 30 L-N63 39 P-Q64 R65
Langelier, Pl. 39 Q64-65
Langevin, Cr. 15 D43
Langevin, Rue 15 D43
Langevin, Rue 43 V53
Langhorne, Ch. 36 R-S51
Languedoc, Av. 39 P-Q64
Laniel, Rue (DDO) 18 G43
Laniel, Rue (SGV) 14 D39
Lanouette, Av. 47 X52
Lansdowne, Av. (MTL) 5 L11 43 V55-56
Lansdowne, Av. (WMT) 42 T-U52
Lansdowne Gdns, Av. de . .17 K38-39
Lansdowne Ridge 36 S52 42 T52
Lanthier, Av. (MTN) 22 J63
Lanthier, Av. (PCL) 16 J-K36 K37
Lanthier, Rue (SAB) 12 C32
Lanthier, Rue (SLR) . . .27 O52 28 O53
Lantier, Rue 13 D-E34
Laos, Rue du 37 R57
Lapalme, Rue 27 O52
LaPeltrie, Rue de 36 R52
Laperle, Av. 20 K57
Laperrière, Av. 27 O52
Lapierre, Av. 22 J-K64
Lapierre, Rue (LSL) . .42 V-W48 47 X48
Lapierre, Rue (MTL) 38 P59
Laplante, Rue 41 V46
Lapointe, Boul. 39 Q66 Q-R67
Lapointe, Rue 27 M52
Laporte, Av. 43 V53
Laporte, Rue 14 E41
Laprairie, Rue 43 W54
Larch, Rue 16 H36
L'Archevêque, Av. . .21 J62 K61 29 L61
Larente, Rue 41 V46
Largo, Rue 14 F42
Larin, Rue (MTN) 29 L60
Larin, Rue (SLN) 29 M61-62
Larivée, Rlle 44 T62
Larivée, Rue 29 L60
Larivière, Pl. 44 T59
Larivière, Rue 6 G17 G18 44 T58-60
Lark, Av. 25 L41
LaRoche, Rue de
. . . . .28 O57 37 P57 38 P-S58
Larochelle, Rue 17 H38
Larocque, Rue 13 D35-36
LaRonde, Ch. de 44 V59-60
Larose, Av. 21 K59 29 L-M59

LaRousselière, Boul. de 32 N74
Larrey, Rue 30 M65-66
Larrieu, Rue 39 P63-64
Lartigue, Av. . . .6 G17 H-J17 44 T-U58
LaSalle, Av. de 38 S62 44 T-U62
LaSalle, Boul. 47 Y51 48 X53
Lasalle, Ch. de 41 T-U45
Latour, Ch. 46 X46
Latour, Rue 28 M-N53
Latreille, Rue 38 S58
Latulippe, Rlle 44 T59-60
Laure-Conan, Av. 28 L53
Laure-Gaudreault, Rue 23 K69
Laurel, Rue 12 F32
Laurelwood, Av. 17 K40
Laurendeau, Av. 40 P70-71 Q71
Laurendeau, Rue 42 W51-52
Laurent, Rue . . .14 E42 F42 15 E43 F43
Laurentides, Aut des . . . .
. . . . .27 L52 28 L53 M53
Laurentides, Av. des .21 J-K60 29 L60
Laurentien, Boul. 19 J-K51
Lauriault, Av. 19 K50
Laurie, Rue 18 G45
Laurier, Av. 22 K63
Laurier, Rue (DDO) 17 G42
Laurier, Rue (IBZ) 11 B42
Laurier, Rue (PFD) 15 C43
Laurier E., Av. . . .37 R57 S57 38 R58-60
Laurier O., Av. 37 S56-57
Laurier Ct. 16 G32-33
Laurin, Rue (MTL) 19 J50-51
Laurin, Rue (PFD) 18 H46
Laus, Rue du 29 N62
Lausanne, Av. 21 J-K60 K59 29 L59
Lausanne, Rue de 14 F38
Lauzon, Rue (MTN) 22 K63
Lauzon, Rue (PFD) 10 B33
Lauzon, Rue de 37 R57
Laval, Av. (DVL) 26 O43
Laval, Av. (MTL) 6 G-H15 43 T57
Laval, Ch. 27 L51-52
LaValinière, Rue 22 K66 30 L66
Lavallée, Rue (LSL) 41 W46
Lavallée, Rue (MTL) 20 K53
Lavaltrie, Rue 30 M64
Lavaltrie, Rue de 39 S66-67
Laverdière, Av. 29 M62
Laverdure, Rue 28 L55 L-M56
LaVérendrye, Av. de 30 O67
LaVérendrye, Boul. de
. . . . .46 X46-47 47 X48-52
Lavergne, Rue 29 N62
Lavers, Rlle 6 G14 43 T-U57
Lavigerie, Av. 28 L53
Lavigne, Ch. de 5 G8 43 U54
Lavigne, Rue (IBZ) 11 B40-41
Lavigne, Rue (MTL) 19 J-K52
Lavigne, Rue (SGV) 14 D38
Laviolette, Av. 37 R55-56
Lavoie, Rue (MTL) 36 Q-S52
Lavoie, Rue (PFD) 15 D43
Lavoisier, Boul. . .29 M61-62 30 M63-64
Lawlor, Rue 28 M-N53
Lawrence, Terr. 46 X46
Layon, Av. du 39 P65
Lazard, Av. 36 P52 37 P53
Le Boulevard 15 F45
Le Maître, Rue 29 O62 30 O63
Le Normand, Rue 30 M63
Leacock, Av. 17 J42
Leacross, Av. 37 P54-55
Léa-Roback, Rue 43 W53
Lebeau, Boul. 28 N53-54
Lebeau, Rue 28 O54
LeBer, Rue 48 X55
Leblanc, Av. (MTL) 19 J48
Leblanc, Av. (MTN) 21 K59-60
LeBreton, Av. 39 Q64
Lebrun, Av. 39 Q-R67
LeCaron, Rue 42 W51-52

Lecavalier, Rue 27 O5
Leclair, Rue 47 X-Y4
Leclaire, Rue 38 S62 44 T62 45 T6
Leclerc, Pl. 13 E3
Leclerc, Rue 42 W48 47 X4
Lecocq, Av. 29 M5
Lecomte, Rue 39 S66-6
Ledoux, Rue 13 D3
LeCorbusier, Rue 29 M6
LeCreusot, Rue 30 M-N6
Leduc, Rue 27 N5
Lee, Av. 13 E3
Leeds, Av. 16 G3
Lefebvre, Rue (IBZ) 11 A4
Lefebvre, Rue (LSL) 41 W4
Lefebvre, Rue (SGV) 14 C-D4
LeGardeur, Av. 25 N-O4
LeGardeur, Rue 28 O5
Légaré, Rue 36 Q-S52
Legault, Pl. (BCF) 16 G33
Legault, Pl. (TMR) 36 Q52
Legault, Rue (IBZ) 14 C38
Legault, Rue (MTL) 19 K51
Legault, Rue (PFD) 13 C-D37
Legault, Rue (SAB) 12 D28
Legendre E., Rue
. . . . .28 M57 N56 29 M58-59
Legendre O., Rue 28 N54-56
Léger, Av. 36 R48
Léger, Boul. 21 J62 22 J63-64
Léger, Rue (LSL) 42 V48
Léger, Rue (PFD) 15 D43
Leigh-Capreol, Pl. . . .25 N42 26 N43
LeJeune, Rue 37 S57
Lelièvre, Av. 40 P70
Leman, Rue 14 F38
Lemay, Rue 39 P-Q63
LeMesurier, Av. 19 J48
Lemieux, Rue (LSL) 41 W47
Lemieux, Rue (MTL) 36 Q-S52
Lemmers, Rue 35 P43-44
LeMoyne, Rue 6 L13 43 V56-57
Lennox, Av. (MTL) 37 Q54
Lennox, Av. (PCL) 17 H41-42
Lenoir, Rue 42 V52 43 V53
Léo, Rue 14 C42
Léo-Guindon, Av. 39 P66
Léo-Lorrain, Rue 14 C41
Léonard, Rue 30 M63
Léonard-Chaigneau, Rue 32 M77
Léonard-de-Vinci, Av. . .29 O60 38 P60
Léon-Brisebois, Rue 14 C40-41
Léon-Derome, Rue 39 Q64-65
Léon-Ledieu, Rue 28 M54
Léon-Ringuet, Rue 22 J67
Léon-Trépanier, Av. 19 J50
Léo-Ouellet, Rue 29 L61-62
Léo-Pariseau, Rue 6 G13 43 T56
Léo-Pétrin, Rue 41 U47
Léopold-Christin, Rue 31 L69
Léopold-Houlé, Av. 22 K67
Léopold-Pouliot, Pl. 22 J63
Léopold-Pouliot, Rue . .21 J62 22 J63
Lepage, Av. 25 N-O42
Lepailleur, Pl. 39 R66
Lepailleur, Rue 39 Q-S66
Lépine, Av. 26 O43-44
Lépine, Rue (PFD) 15 E44
Lépine, Rue (SLR) 27 M-N52
Leprohon, Rue 42 W51 47 X51-52
Leroux, Av. 41 V-W46
LeRoyer, Rue (MTL) 6 L14
LeRoyer, Rue (SLN) 30 L-M63
LeRoyer E., Rue 6 K-L15
Léry, Pl. de 38 S60 44 T60
Les Galeries d'Anjou, Boul. . . . .
. . . . .30 M64 N65 O65 39 P65
Lesage, Av. 40 Q70
Lesage, Rlle 37 R57
Lesage, Rue (DDO) 15 F43
Lesage, Rue (LSL) 42 W48

esage, Rue (VRD) **42** W52 **47** X52
escarbot, Rue **39** Q64
eslie, Rue **14** E42
eslie-Dowker, Rue **13** C33
eslie-Gault, Rue **28** L55
espérance, Rue **44** T60
espinay, Rue **29** 062
esPrévoyants, Rue **29** N62
esRéaux, Av. **39** P66-67
esseps, Pl. de **39** R64-65
étang, Rue **19** K49
etellier, Rue **20** K53-54 **28** L54
ethbridge, Av. **28** 054-55
étourneux, Av. **38** S62 **44** T-U62
evere, Rue **13** E35
evert, Rue **48** Z54-55
évesque, Av. **30** N-067
évis, Rue de **5** L7-8 **43** V-W54
évis-Sauvé, Rue **46** Y47
évrard, Rue **29** N61
evy, Rue **26** L47
ewis, Av. **43** U-V53
exington, Av. **42** T52 **43** T53
exington Dr. **16** H35-36
'Heureux, Rue **19** J49-50
iban, Rue du **28** M54
ibersan, Rue **15** F44
iberty, Ch. **16** H35-36
ido, Rue **18** H44
iébert, Rue **39** Q-R66 R-S67
iège E., Rue de **28** N57 056
iège O., Rue de **28** 055-56
iénart, Rue **30** 063 **39** P63
iesse, Mtée de **26** M-047
ighthall, Rue **28** L55
igneris, Rue de **29** 062
ilas, Av. **25** 042 **26** 043 **34** P42
ilas, Pl. des **30** N65
ilas, Rue de **13** E35
ilas, Rue des **22** K63
ille, Rue de **21** K58 **29** L-M58
ily-Simon, Rue **42** U49
imoges, Rue **19** J-K50
incoln, Av. **5** H9 **43** U54-55
incoln Dr. **16** G-H36
inda, Rue **15** E43
inden, Ch. **35** S47
inden, Rue (BDU) **12** F32
inden, Rue (KRK) **14** F38
inden, Rue (MTL) **28** L57
indsay, Av. **26** 044
indsay, Rue **27** N51
innet, Cr. **25** M41
inton, Av. **36** R52 **37** R53
inton, Rue **18** H44
inwood, Cr. **28** 054-55
ionais, Rue **37** S57 **43** T57
ionel-Daunais, Av. **30** 067
ionel-Groulx, Av. **5** K7-10 **43** V55-55
ionel-Groulx, Rue **29** L-M61
ionnaise, Av. **30** N64
ippé, Rue **27** M49
ippens, Rue **28** N56
irette, Rue **14** D40
isbonne, Rue **18** G43
ise, Rue **41** V47
isieux, Rue de **29** 062 **38** P62
ismer, Av. **36** Q49
ithuania, Rue **41** W46
ittle-Rock, Av. de **17** K41
ittoral, Cr. du **30** M64
iverpool, Rue **43** W54 **48** X54
ivingston, Av. **17** J40
izette-Gervais, Rue **23** K68-69
loyd-George, Cr. **47** Y49
loyd-George, Rue **47** Y49
ocke, Rue **27** N-048
ockhart, Av. **37** P54-55 Q54
ockwood, Av. **36** R48
ogan, Rue (MTL) . .**6** H17-18 **44** U58-59
ogan, Rue (PFD) **18** H45-46

Loire, Av. de la **30** 066 **39** P66
Loire, Pl. de la **30** 066 **39** P66
Loire, Terr. de la **41** W45
Loiseau, Rue **19** K50
Lombard, Cr. **37** P53
Lombardie, Rue de **29** 061
Lombardy, Rue (BDU) . .**12** F32 **13** F33
Lombardy, Rue (PFD) **15** C43
London, Av. **25** L41
London, Av. de **21** J-K60 **29** L60
London, Rue de **14** C42 **15** C43
London Dr. **13** F35 **16** G35
Londres, Rue de **27** L51
Lonergan, Rue **6** J17 **44** U58-59
Longmeadow, Av. **17** J38
Longmore, Av. **17** K38
Long-Sault, Rue du **29** M61
Longtin, Av. **19** J50
Longueuil, Rue de **6** L13 **43** V56
Loranger, Rue (MTL) **28** 057
Loranger, Rue (SLN) **30** N63
Lord, Rue **16** G33
Lorenzo-Prince, Av. **22** J-K66
Lorimier, Av. de **6** G-J10 **21** L58
. . . . .**29** L-M58 058 **38** P58 Q-S59 **44** T-U59
Lorne, Av. **5** G-H12 **43** T-U56
Lorne Cr. **5** G12 **6** G13 **43** T56
Lorraine, Av. **42** U52
Lorraine, Pl. **30** N66
Lorraine, Rue **12** F31
Lorraine, Rue de (MTL) **40** P72
Lorraine, Rue de (PFD) **15** C43
Lotbinière, Av. de **39** 064
Lotbinière, Rue de **30** 064
Louis, Av. **34** P41
Louis-Alphonse-Venne, Rue . . .
. . . .**28** L57 **29** L58
Louis-Archambault, Av. **28** M57
Louis-Basile-Pigeon, Terr. . . .**35** R45
Louis-Bonin, Rue **23** K71
Louisbourg, Rue de .**19** K51-52 **20** K53
Louisbourg, Terr. de . . .**19** K52 **20** K53
Louis-Carrier, Rue **28** L53-54
Louis-Chartier, Pl. **23** J69
Louis-Colin, Av. **37** R54 S53-54
Louis-Cyr, Rue **43** W53
Louis-Dantin, Av. **19** K52 **20** K53
Louis-Darveau, Av. **22** J66
Louis-Depocas, Rue **42** W52
Louis-Dessaulles, Av. **23** K68-69
Louis-Donolo, Rue **23** K68
Louis-Dumouchel, Rue **39** P66
Louis-Dupire, Rue **39** P64-65
Louise-Carrier, Pl. **27** L48
Louise-Edvina, Pl. **32** M77
Louise-Lamy, Av. **25** 042
Louis-Fortier, Rue **41** U-V46
Louis-Francoeur, Rue **21** K62
Louis-Fréchette, Av. **21** K62 **29** L62
Louis-Fréchette, Rue **13** D37
Louis-Galipeau, Rue **23** K71
Louis-Hainault, Rue **23** J-K68
Louis-Hébert, Av. . . .**29** 059 **38** P-R59
Louis-Hébert, Rue **42** W49
Louis-Hémon, Rue . . .**29** 059 **38** P-Q59
Louis-Hippolyte-Lafontaine, Boul. . .
. . . .**22** J-K65 **30** L-M65 065 **39** P65
Louisiane, Cr. de la **46** X46
Louisiane, Rue **29** M62
Louisiane, Rue de **29** M62
Louis-Jadon, Av. **19** J50
Louis-Jobin, Av. **31** L68
Louis-Joliet, Rue **46** X47
Louis-Joseph-Doucet, Av. **39** Q64
Louis-Joseph-Gaston, Terr. . . .**35** S44
Louis-Joseph-Gauthier, Rue . . . .
. . . .**28** L-M57 **29** L58
Louis-Lefebvre, Rue **32** N73
Louis-Lumière, Av. . . . .
. . . .**22** J67 K67 **23** K68-69

Louis-Maheut, Rue **28** L56
Louis-Paré, Rue **35** R45
Louis-Pasteur, Ch. **36** Q49
Louis-Payette, Rue **44** T62 **45** T63
Louis-Quatorze, Rue **29** N62
Louis-Quilico, Rue **29** 062
Louis-Riel, Av. **39** Q64
Louis-Riel, Pl. **39** Q64
Louis-Riel, Rue **17** G42
Louis-Roch, Rue **14** C39
Louis-Roy, Rue **29** L-M61
Louis-Sicard, Av. **30** N63-64
Louis-Sicotte, Av. **30** L67
Louis-Vanier, Av. **30** N-063
Louis-Veuillot, Rue **39** Q-R63 S64
Louis-XV, Rue **14** C42 **15** C43
Lourdes, Av. de **16** K37
Louresse, Av. de **30** N65
Louresse, Pl. de **30** N65
Louvain, Pl. de **28** M55
Louvain E., Rue de . . . .
. . . .**28** M56-57 **29** M59-60
Louvain O., Rue de . . .**28** M55 N54
Louvigny, Rue de **13** D36
Louvois, Rue **30** N63
Lowland, Av. **41** U47
Loxley, Av. **13** F35
Loyola, Rue **29** 062 **38** P62
Lozeau, Rue **37** S57 **43** T57
Lucas, Rue **15** C43
Luce-Guilbault, Rue **19** K48
Lucerne, Av. de **25** L41
Lucerne, Ch. **36** P52
Lucerne, Rue de **18** G45
Lucie-Bruneau, Rue **32** M75
Lucien, Rue **10** A36 Z36
Lucien-Gendron, Av. **31** L69
Lucien-L'Allier, Rue . . .**5** K-L10 **43** V55
Lucien-Plante, Rue **29** N58
Lucien-Rochon, Cr. **41** T47
Lucien-Thimens, Rue **27** M50-51
Luck, Av. **35** S47
Luc-Rochefort, Rue **19** K52
Lucy, Pl. **36** R51
Ludger-Gravel, Rue **30** L67
Lusignan, Rue **5** K10 L10 **43** V-W55
Lussier, Rue **41** W46
Lutgarde, Av. **29** M62 **30** M63
Lyal, Pl. **25** M42
Lyall, Rue **39** Q-S65
Lyette, Rue **41** U45
Lyncroft, Rue **36** R50
Lyndale, Av. **36** R-S49
Lynwood Dr. **16** H-J36
Lyons, Av. **14** E40
Lys, Rue des **13** D37

M.-B.-Jodoin, Av. **30** M64-65
M.-Bourgeoys, Rue **12** D28
M.-C.-Bezner, Rue **12** C32
Maberley, Av. **37** P54
MacDonald, Av. **36** Q-S51
MacDonald, Ch. **44** W58-59
MacDonald, Rue (KRK) . .**13** E34-35
MacDonald, Rue (SLR) . .**27** N51-52
MacFarlane, Rue **27** 052 **28** 053
Machabée, Rue **19** J49-50
Mackay, Av. **21** K59
Mackay, Rue **5** J10 **43** U-V55
MacKenzie, Rue **36** Q51-52
Mackle, Ch. **35** R47 **36** 048-49
MacLean, Av. **17** J41
MacMahon, Av. **36** S48 **42** T48
MacNaughton, Ch. **37** P53
MacNeil, Ch. **28** 053
Maçons, Rue des **14** C-D42
MacQueen, Pl. **19** K49
Macquet, Pl. **11** B40
Macquet, Rue **11** B40
Madeira, Pl. **13** F37 **14** F38

Madeleine, Pl. de la 18 G44
Madeleine-Dansereau, Rue . . .38 S60
Madeleine-Huguenin, Rue . . .39 R66
Madère, Rue 30 N-063
Madison, Av. 36 S50 42 T-U50
Madison, Rue 14 D40
Madore, Rue 39 Q63-64
Madsen, Av. 13 F33 16 G33
Magil, Rue 14 F39
Magloire, Rue 30 N63-64
Magnan, Rue 44 T-U59
Magnolia, Ch. 35 S47
Magnolia, Rue (BDU) 12 F32
Magnolia, Rue (PFD) 14 E40
Magog, Rue de 41 V-W45
Maguire, Rue 37 R57
Maher, Rue (LSL) 41 W46
Maher, Rue (PFD) 13 E37
Maheu, Rue 27 N49
Mail, Av. du 39 P66-67
Mainville, Rue 30 O63
Maisonneuve, Rue 18 G44-45
Maisonneuve E., Boul. de . . . . . .
. . . . . . .6 J14-18 43 U57 44 U58
Maisonneuve O., Boul. de . . . . . .
. . . . .5 H8-10 J11-12 6 J13
. . . . .42 U49-52 43 U53-56
Maitland, Av. 17 K40
Majeau, Rue 29 L60-61
Major, Rue 27 N49-50
Malard, Rue 14 E41
Malcolm, Av. 25 N41
Malcolm, Ch. 43 T53-54
Malcolm, Rue 18 G44
Malcolm-Beaton, Rue 13 F34
Malicorne, Av. de la 39 P65
Malines, Rue de 6 G15 43 T57
Mallet, Rue 38 R59
Malo, Av. 6 H17-18 44 U59
Malouin, Rue 30 N-063
Malta, Rue 14 F42
Malvern, Av. 25 L42
Mance, Rue 29 N62
Manella, Ch. 36 P51
Manfred, Av. 17 H40
Manning, Rue 47 X-Y51
Manoir, Av. du (IBZ) 14 C39-40
Manoir, Av. du (OUT) 37 Q54-55
Manoir, Rue du 13 C36
Manoogian, Rue . . .27 N52 O52 28 N53
Manor, Av. 17 H39
Manresa Ct. 16 H35
Mans, Rue du 29 O62
Manseau, Av. 37 Q55
Mansfield, Rue (DDO) 14 E39-40
Mansfield, Rue (MTL) 5 H-K12 43 U-V56
Mantha, Av. 27 O50
Manthet, Rue 13 D35
Manuel, Rue 14 E-F42
Maple, Av. (DVL) 34 P41
Maple, Av. (MTL) 43 W55
Maple, Av. (SAB) 12 D28-29
Maple, Av. de 17 K41
Maple, Cerc. 18 G44
Maple, Cr. (BCF) 13 F33 16 G33
Maple, Cr. (DDO) 18 G44
Maple, Rue (MTL) 19 J48
Maplebrook, Av. 13 F33
Mapleridge, Av. 36 R48
Maplewood, Av. 37 S56
Maplewood, Rue 14 D42
Marais, Rue du 6 J14 43 U57
Marc, Rue 10 Z36
Marc-Antoine, Terr. 12 C28
Marc-Aurèle-Fortin, Boul. . . . . . .
. . . . .22 J-K66 K65 30 L65
Marc-Blain, Rue 26 L47
Marc-Campbell, Pl. 32 N74
Marc-Cantin, Rue 48 X-Y55
Marc-Chagall, Rue 36 Q-R49
Marceau, Rue 14 C42

Marcel, Rue 19 K49-50
Marcel-Cadieux, Rue 28 N57
Marcel-Faribault, Av. 32 M-N75
Marcel-Gamache, Pl. 19 K48
Marcel-Gélinas, Pl. 23 K68-69
Marcel-Gélinas, Rue 23 K68
Marcelin, Rue 11 B42
Marcelin-Wilson, Av. 28 L-M53
Marcel-Laurin, Boul. 27 L-O51
Marcelle-Gauvreau, Rue 23 K71 31 L71
Marcel-Libersan, Rue 13 E37
Marcel-Meloche, Rue 13 E36
Marcel-Monette, Rue . . .21 J62 22 J63
Marcel-Raymond, Rue 23 K71
Marcel-Savary, Av. 30 L67
Marchand, Av. 44 T59
Marché, Pl. du 6 J14 43 U57
Marché, Rue du 18 G-H43
Marché-Bonsecours, Rue du . . . . .
. . . . .6 L15 43 V57
Marché-Central, Rue du 28 N55
Marché-du-Nord, Pl. du 37 P57
Marcil, Av. 42 T-U51
Marconi, Rue (ANJ) 30 M66
Marconi, Rue (MTL) 37 P-Q56
Marconi, Rue (SLN) 29 M61
Marco-Polo, Rue 30 L66-67
Marcotte, Rue 28 M53
Marcoux, Rue 11 B40
Marc-Sauvalle, Rue 42 W51-52
Maréchal, Av. 37 S53
Maréchal-Ney, Rue 29 M61
Marette, Rue 19 K49
Margaret Ann, Av. 16 J36
Marguerite-Bourgeoys, Boul. 48 Y-Z53
Marguerites, Rue des . .21 K62 22 K63
Maria, Rue (LSL) 41 U-V45
Maria, Rue (MTL) 43 V53
Marian, Av. 35 P43
Mariana-Jodoin, Rue 22 K66
Mariane, Av. 16 G35
Maricourt, Rue 29 N62 30 N63
Maricourt, Rue de 42 W51 47 X51
Marie-Anne, Av. 16 K37
Marie-Anne E., Rue .37 S57 38 S58-59
Marie-Anne O., Rue 37 S56-57
Marie-Anne-Asselin, Rue . . .32 N73
Marie-Anne-Lavallée, Rue . . . . . .
. . . . .20 K53 28 L53
Marie-Anne-Tison, Rue 31 L71
Marie-Boulard, Av. 23 K68
Marie-Brandon, Rue . .22 K66 30 L66
Marie-Claire, Rue 41 W46
Marie-Curie, Av. 18 K44 K45 26 L44 L45
Marie-Curie, Rue (DDO) . . .14 E41-42
Marie-Curie, Rue (KRK) 13 D35
Marie-G.-Lajoie, Av. 30 M64
Marie-Guyart, Rue 42 W49
Marie-Le Ber, Ch. 48 Y53-54
Marie-Le-Franc, Rue 32 M75
Marie-Mirabeau, Rue 31 L71
Marie-Morin, Rue 31 L72 32 L73
Marien, Av. 31 N70 40 P-Q71
Marien, Boul. 23 K70
Marien, Pl. 31 M70
Marie-Rollet (LSL) 42 W49
Marie-Rollet, Rue (MTL) . .28 L53-54
Marie-Rose-Durocher, Rue . . .39 Q63
Mariette, Av. 36 S49 42 T-U49
Marie-Victorin, Rue 22 K64
Marillac, Rue de 39 Q-R66
Marin, Av. 5 K8 43 V54
Marina, Av. de 17 K38
Mario, Rue 14 E39
Marion, Rue 33 M78
Maritain, Rue 29 M61
Marius-Barbeau, Rue 22 J65
Marius-Dufresne, Rue 38 S61
Marivaux, Rue 30 L63
Marjolaine, Rue 29 M-N62
Markham, Ch. (BCF) 16 G35

Markham, Ch. (TMR) .28 O55 37 P-Q5
Markham, Pl. 16 G3
Marlatt, Rue 27 M-N51 N5
Marlboro, Ch. 36 P51-5
Marlborough Court, Rue . .19 K49-5
Marler, Pl. 25 L-M4
Marlin, Av. de 17 K3
Marlin, Cr. 14 E3
Marlowe, Av. 42 T-U5
Marmette, Rue 37 S5
Marmier, Rue 37 R5
Marquette, Rue (KRK) 17 H3
Marquette, Rue (MTL) . . . .
. . . . . . .29 L58 O58 38 P-Q58 S5
Marquis, Rue 29 N6
Marroni, Rue 41 U4
Marronniers, Av. des 38 O62
Marsan, Rue 19 K52
Marseille, Rue de . . . .
. . . . . .39 O66-67 R63-65 40 O66
Marsh, Av. 17 J-K41
Marshall, Av. 26 N-O43
Marsolais, Av. 37 R55-56
Martel, Rue 14 C40
Martial, Av. 21 K60
Martigny, Rue de 21 K58 29 L-M58
Martin, Av. (DVL) 26 O43 34 P42 35 P43
Martin, Av. (MTL) 19 J48
Martin, Terr. 11 Y-Z39
Martineau, Rue 6 J17 44 U58
Martinique, Rue 14 F41
Maryse-Bastie, Rue 27 L50-51
Maryvale, Av. 16 J36
Massabni, Pl. 17 G38
Masse, Av. 46 Y47 47 Y48
Massé, Av. 30 L63
Massé, Rue 29 M61
Massicotte, Rue 39 R66-67
Masson, Rue 38 R58-60
Matane, Rue de 41 W45
Mather, Ch. 35 R47
Mathieu-de-Costa, Rue .24 K73 32 L73
Matignan, Rue 15 E44 F43-44
Matis, Rue 19 K49
Matisse, Rue 14 E41
Matte, Av. 22 J-K64 K63-64
Maubourg, Av. 39 P64
Maughan, Rue 12 F31
Maugue, Rue 11 B40
Maupassant, Rue 14 F41
Mauriac, Av. 30 M63
Maurice, Rue (LSL) 41 W47
Maurice, Rue (PFD) 14 D-E40
Maurice-Blondeau, Av. 30 L65
Maurice-Courtois, Rue . . .22 J65-66
Maurice-Duplessis, Boul. . . . . . .
. . .22 K63-66 23 K69 31 L69 L72 32 L73
Maurice-Lalonde, Rue 23 K69
Maurice-Lebel, Rue 28 M54
Maxime, Pl. 14 C40
Maxime, Terr. 12 C28
Maxwell, Rue 12 E32
May, Rue 48 X53-54
Mayenne, Av. de la 39 P65
Mayenne, Rue de 21 K59
Mayfair, Av. 36 S49 42 T49
Mayfair, Rue 14 F39
Mayfair Dr. 16 G35
Maynard, Rue 37 Q53
Mayo, Rue 14 F41
Mayor, Rue 6 J13 43 U56
Mayrand, Rue 36 P51-52
Maywood, Av. 17 H-K39
Mazarin, Rue (MTL) 42 W50
Mazarin, Rue (PAT) 32 O74
Mazurette, Rue 28 N54
McAdam, Rue 13 E34
McAlear, Av. 35 R47 36 R48
McArthur, Rue 27 N-O48
McBride, Av. 17 J40-41
McBride, Cr. 12 E31

McCaffrey, Rue 26 N47 27 N48
McCarthy, Rue 19 J-K49
McConnell Cr. 25 O41
McCubbin, Ch. 35 S47 36 S48
McCulloch, Av. 37 S55-56
McDougall, Av. 37 R-S56
McDougall, Ch. 5 G8-9 43 T-U54
McDougall, Rlle 47 X52
McDuff, Rue 28 L54
McEachran, Av. 37 Q-R55
McGill, Rue 6 L13 43 V-W56
McGill-Collège, Av. . . .5 H-J12 43 U56
McGregor, Av. 5 G10 43 U55
McKenna, Rue 37 R-S53
McKenzie, Av. 12 C29
McKinley, Rue 14 F40
McLaughlin, Rue 41 T44-45
McLynn, Av. 36 R51
McLynn, Rue 18 H44
McMurray, Av. 36 R48
McNicoll, Cr. 35 P43
McNider, Av. 37 S56
McNulty, Rue 27 N50
McShane, Av. 37 R53
McTavish, Rue 5 G-H12 43 U56
McVey, Rue (LSL) 41 U45
McVey, Rue (MTL) 39 R66
McWillis, Rue 27 M49-50
Meadowbrook, Av. 16 G34
Meadowbrook, Rue 35 Q43-44
Meadowlawn, Av. 17 K38
Meadowvale, Av. 25 M41-42
Meadowvale, Rue 14 E40
Meaney, Rue 13 D-E34
Meaux, Av. 29 L61
Meaux, Rue de 39 S64
Méditerranée, Rue de la . .27 L50-51
Medley, Rue 14 F41
Medoc, Rue du 14 F38
Meese, Av. 40 Q-R68
Meighen, Rue 15 E45
Meilleur, Pl. 28 M54
Meilleur, Rue 28 M-N55
Melatti, Rue 47 X48
Melbourne, Av. (TMR) . . .28 O54-55
Melbourne, Av. (WMT) 43 U53
Mélèzes, Av. des 38 Q62
Melilot, Rue du 48 Z53-54
Melling, Av. 36 R48
Meloche, Av. 26 O44
Meloche, Rue (PFD) 13 D35-37
Meloche, Rue (SAB) 12 C32 D32 13 C33
Meloche, Rue (SLR) 28 M53
Melrose, Av. 36 S51 42 T-U51
Melrose, Rue 47 X-Y51
Melville, Av. 43 U53
Ménard, Pl. 21 K60
Ménard, Rue 41 V47
Mennereuil, Rue 38 P62 39 P63
Mentana, Rlle de 44 T58
Mentana, Rue de . . . .
. . . . .6 G16 38 R-S58 44 T58
Mercier, Av. 39 Q-R67
Mercier, Boul. 14 C39
Mercier, Rue 15 E43
Mercure, Rlle 6 H16 44 U58
Mercure, Terr. 38 S59
Mère-Anselme, Av. de 21 J-K60
Mérédith, Av. 25 N41
Meridian, Av. 36 S52 42 T52
Méridian, Boul. 14 F38
Mériel, Rue de 30 L-M63
Mérineau, Rue 13 D-E34
Merit, Cr. 37 P54
Merizzi, Rue 27 O48
Merriam, Av. 39 P66
Merrimac, Ch. 36 R49
Merritt, Av. 29 L-M58
Merritt, Rue 15 F43 18 G43
Merton, Cr. 36 R-S51
Merton, Rue 36 R50 S49-50

Mésanges, Rue des 48 Y53
Mesplet, Rue 28 L53
Messier, Rue 38 S59 44 T59
Mésy, Rue de 19 J51
Métairie, Rue de la 48 Y53
Metcalfe, Av. 43 U-V53
Metcalfe, Rue 5 J11-12 43 U-V56
Métis, Av. 17 J41
Métivier, Pl. 19 J50
Métivier, Rue 19 J49-50
Métropolitain, Boul. . . . .
. . . . . .30 N66-67 31 N69-70 38 Q61-62
Métropolitaine, Aut . . . .
. . . . .27 O52 28 O53 29 O58-59 O62
. . . . .30 N67 O63 31 N68 N70-71
Meudon, Rue 29 O62
Meulles, Rue de 19 K51
Meunier, Rue 28 L-N55
Michaël, Cr. 16 H36
Michaud, Rue (LSL) 46 Y47
Michaud, Rue (SAB) 12 C28-29
Michel, Rue (IBZ) 10 C36
Michel, Rue (KRK) 16 G37
Michel-Ange, Rue 29 O60 38 P60
Michel-Bibaud, Rue 36 S52
Michel-Bouvier, Rue 39 P64
Michelet, Rue 29 O62 38 P62
Michel-Jasmin, Av. 26 O43-44
Michel-Jurdant, Av. 29 O59
Michelle-Le-Normand, Rue . .28 M54
Michel-Sarrazin, Rue . .19 K51 27 L51
Michigan, Av. de 17 K40
Middleton, Rue 15 E43-44
Midland, Av. 13 F33 16 G33
Midway, Av. 36 R48
Midway, Av. du 38 S60
Mignault, Rue 39 P-Q64
Migneron, Rue 27 O49
Milan, Rue 29 O61
Mile End, Rue 37 P56
Mill, Rue 43 W56 48 X56
Millar, Rue 27 M51
Millen, Av. 28 L-N56
Miller, Av. (DVL) 18 J44
Miller, Av. (MTL) 36 S52
Miller, Rue 47 X48
Millet, Rue 29 O61
Millette, Rue 15 E44
Millevoye, Rue 38 P62
Millhaven, Av. 17 J-K40
Milly, Rue de 30 M63
Milner, Rue 42 T48
Milroy, Av. 25 L40
Milton, Av. 41 U47
Milton, Ch. 16 H37
Milton, Rue 6 H13-14 43 U56-57
Mimosa, Av. 25 O42 34 P42
Minden, Rue 36 R50
Miniac, Pl. de 18 K46
Miniac, Rue de 18 K46
Minicut, Rue 30 L-M65
Miquelon, Rue 29 N61
Miquet, Rue 14 E38
Mira, Ch. 36 S52 42 T52
Mirabeau, Rue 30 L-M65
Mirabel, Rue 14 E41
Mirabelle Ct. 13 D34
Mirepoix, Rue 29 N62
Miséricorde, Av. de la 19 J51
Mistral, Rue 28 O57
Mitchell, Av. 36 P52
Mobile, Rue de 38 Q62
Modugno, Rue 27 M49-50
Moffat, Rue 47 X-Y51
Mohawks, Rue des 17 H38
Moisan, Av. 29 L62
Moïse-Picard, Rue 38 S61
Molière, Rue 37 P56-57
Molson, Rue (MTL) . . . .
. . . . .29 O59 38 P-R59 S59-60
Molson, Rue (PFD) 13 E37

Monaco, Av. de 17 J38
Monaco, Rue de 13 E37
Monarque, Av. 40 Q70
Monastir, Pl. de 29 N62
Moncrieff, Ch. 37 P-Q53
Mondelet, Rue 44 U60
Mondeville, Rue de 13 C-D36
Monet, Rue 14 E41
Monette, Av. 34 P42
Monette, Rue 41 V45
Mongeau, Rue (LSL) 46 Y47
Mongeau, Rue (MTL) 28 L55
Monique, Rue 14 C38-39
Monk, Boul. 42 W51 47 X50
Monk, Ch. 10 Z35-36
Monk, Rue 14 D42 15 D43
Monkland, Av. 42 T49-51
Monmouth, Av. 37 P-Q55
Monsabré, Rue 39 Q-R63 S64
Monsadel, Rue 13 F34-35
Monseigneur-Charbonneau, Pl. 5 J12
Monselet, Rue 21 K59-60
Montagne, Rue de la 5 H-L11 43 U-V55
Montague, Rue 13 E36-37
Montbrun, Rue 29 O62
Montcalm, Rue (DDO) 14 F39
Montcalm, Rue (MTL) . . . .
. . . . .6 G-J16 K16 44 U-V58
Mont-Cassin, Av. du 28 M54-55
Montclair, Av. 36 S49 42 T49
Montclair, Rue (DDO) 14 F39
Montclair, Rue (IBZ) 14 C38-39
Montégo, Rue 13 E36
Monteith, Rue 47 Y50-51
Monteray, Rue 13 E37
Monterrey, Av. 17 J-K40
Montesquieu, Av. 30 N64
Montesquieu, Rue 23 K71-72
Montevideo, Rue de 16 G37 17 G38 H38
Montevista, Rue 17 G42
Montford, Rue 14 F39
Montfort, Rue 5 K-L12 43 V56
Montgolfier, Pl. de 28 M57
Montgomery, Av. (CSL) 36 S49
Montgomery, Av. (TMR) . . .37 P53-54
Montgomery, Pl. 15 E-F44
Montgomery, Rue 44 T60
Montigny, Cr. 14 C38
Montigny, Rue 25 N-O42
Montigny, Rue de (MTE) . . .40 P70-71
Montigny, Rue de (MTL) .6 J14 43 U57
Montigny, Rue de (PAT) . . . .
. . . . .31 O72 32 N73-75 40 P71
Montjoie, Rue 29 O62 38 P62
Mont-Joli, Rue de 29 L59
Montmagny, Av. de 42 V-W50
Montmartre, Rue 32 N74-75
Montmorency, Rue de 43 W55
Montoire, Pl. 30 O66
Montpellier, Boul. . . .27 N52 28 N-O53
Montpellier, Rue (DDO) .14 F41 17 G41
Montpellier, Rue (SLR) . . .27 M-N52
Montpensier, Av. 30 O65-66
Montpetit, Rue 29 O62
Montréal-Est, Boul. 40 P-Q70
Montréal-Toronto, Boul. (DVL) . . . .
. . . . .25 N-O42
Montréal-Toronto, Boul. (MTO) 42 U48
Montreuil, Av. 28 L53
Montrichard, Cr. 30 O65-66
Montrichard, Pl. 30 O66
Montrose, Av. (PCL) 17 K41 25 L41
Montrose, Av. (WMT) 5 G7-8 43 U53-54
Montrose, Rue 17 G42
Montrose Dr. 13 F34 F34-35 16 G34
Mont-Royal, Boul. 37 R-S55 S56
Mont-Royal E., Av. du . . . .
. . . . .37 S57 38 R60-61 S58 S60
Mont-Royal O., Av. du 37 S56-57
Monts, Av. de 42 W49-50
Montview, Ch. 36 P50

Monty, Av. 22 J-K64
Monty, Pl. 22 K64
Moreau, Rue 16 G37
Moreau, Rue (LSL) . . .41 W47 42 W48
Moreau, Rue (MTL) 44 T60
Morelly, Rue 31 L71
Morgan, Av. 44 T62
Morgan, Boul. 12 E32
Morgan, Ch. 12 E31
Morin, Av. 25 L42
Morin, Rue 27 N51
Morley Hill, Rue 13 F36
Morningside, Av. 12 C29
Morningside, Rue 14 F40
Morris, Av. 25 N-041
Morrison, Av. 36 P52 37 P53
Morson, Pl. 13 E34
Moulin, Av. du 41 T47
Moulin, Pl. du 10 Y37
Moulin, Rue du 14 C39
Moulins, Ch. des 48 X56
Mount, Rue 37 Q53
Mountain, Av. 5 G7 43 U53
Mountain, Pl. 5 H11 43 U55
Mountain View Dr. . . .13 F37 16 G37
Mountain-Sights, Av. .36 P51-52 P-S51
Mountbatten, Ch. 36 R48
Mount-Pleasant, Av.
. . . . .5 G7-8 43 T-U54 U53-54
Mount-Pleasant, Av. de 17 K41 25 L41
Mount-Royal, Pl. 5 J11 43 U56
Mount-Stephen, Av. 43 U53
Mount-Vernon, Av. de . . .41 T-U47
Mousseau, Av. 30 N-067
Mousseau, Rue 39 Q-R67
Moyle, Ch. 37 P53
Mozart, Ch. 36 Q49
Mozart, Pl. 14 F38
Mozart, Rue 14 F41
Mozart E., Av. 37 P56-57
Mozart O., Av. 37 P-Q56
Muguets, Rue des 22 J63
Muir, Rue 27 M52 N52 28 M53 N53
Muir Park, Av. 12 C29
Muir Park, Circ. 12 C28-29
Mulberry, Rue (DDO) 15 F43
Mulberry, Rue (MTL) 37 Q53
Mullins, Rue 43 W54
Murphy, Rue 19 J49
Murphy, Terr. 46 Y47
Murray, Av. 43 U53
Murray, Rue (MTL) 5 L11 43 V-W56
Murray, Rue (PFD) 14 C41
Murray Gdns., Av. de 17 K38
Murray Hill, Av. 43 T53
Musée, Av. du 5 G-H11 43 U55
Musée, Ch. du 17 T-U45
Musset, Av. 29 O60 38 P60
Myconos, Av. 14 F41
Myrand, Rue 13 D37

Nadon, Rue (MTL) 27 L52
Nadon, Rue (PFD) 15 C43
Namur, Rue 36 Q51
Namur, Rue de 14 D42
Nancy, Rue 15 D-E43
Nancy, Rue de 36 Q52 37 Q53
Nantaise, Av. de la 39 P65
Nantel, Rue 27 N49-50
Nanterre, Rue de 13 D37
Nantes, Rue de 30 N63
Nantilly, Av. de 30 N-066
Naples, Rue 29 O61
Napoléon, Rue 43 T57 44 T58
Napoléon-Bédard, Rue 22 H-J63
Napoléon-Brisebois, Rue . . .32 M77
Napoléon-Desmarchais, Rue . . . .
. . . . .30 N-063
Narbonne, Rue 29 M-N61
Narcisse, Rue 14 D42

Narcisse-Dionne, Av. . . .22 K66 30 L66
Narcisses, Rue des 22 K63
Nash, Rue 18 G45
Nassau, Rue 16 G36
Natasha, Rue 18 G45
Nations, Rue des 27 L50
Nautoniers, Pl. des 48 Y53
Nazareth, Rue 5 L12 43 V-W56
Nelligan, Rue 13 E-F36
Nelson, Av. 37 S56
Nelson, Rue (MTL) 6 H-J18 44 U59
Nelson, Rue (MTO) 41 T47 42 T48
Nénuphar, Rue 13 D35
Néo, Rue 14 D39
Neptune, Boul. 25 L41 M40-41
Nérina-Lafrance, Rue 14 D42
Ness, Rue 27 O48
Netherton, Ch. 37 P55
Netherwood, Cr. 36 R50
Neuilly, Rue de 29 O61
Neuville, Av. 30 N64
Nevers, Pl. de 19 J50
Nevers, Rue 29 M-N62
Neveu, Av. 16 G-H34
Neveu, Rue 14 D40
Neville, Pl. 6 J18 44 U59
Newman, Av. (MTL) 42 W50
Newman, Av. (PCL) 17 K42
Newman, Boul. . .41 V45-46 42 W48-49
Newman, Cr. 17 K42
Newman, Pl. 36 R51
Newman, Terr. 41 V46
Newmarch, Rue 47 X52
Newport, Rue de 41 W45
Newton, Ch. 36 Q49
Newton, Rue 14 E41-42
Newton Sq., Av. de 17 H40
Ney, Rue 39 R65
Niagara, Rue du 13 E36-37
Nice, Ch. 36 R49
Nice, Rue de 29 N61
Nicholas-Appert, Av. . . .22 K67 30 L67
Nicholson, Av. 17 J41
Nicolas-Doucet, Av. 23 J68
Nicolas-Doucet, Pl. 23 J68
Nicolas-Gaudais, Rue 30 O63
Nicolas-Gervais, Rue . . .32 M-N77
Nicolas-Joly, Av. 22 J66
Nicolas-Josselin, Av. 30 L65
Nicolas-Leblanc, Av. 30 L67
Nicolas-Moisan, Rue 42 W48
Nicolas-Perrot, Rue 28 L53
Nicolas-Senet, Pl. 32 O73 40 P73
Nicolet, Rue 38 S61 44 T61
Nigen, Pl. 19 K49
Nightingale, Av. 25 M41
Nightingale, Rue 16 G36
Nisko, Rue 14 E39
Nobel, Rue (KRK) 17 H38
Nobel, Rue (SLN) 30 M63
Noël, Rue (PFD) 13 C-D37
Noël, Rue (SLR) 27 O50
Nogent, Rue 38 P61
Noorduyn, Pl. 19 K49
Noorduyn, Rue 19 K49
Nordic, Av. 17 H41
Norfolk, Ch. 35 S47
Norgrove, Rue 18 G43
Norman, Rue (LCH) .35 R-S46 41 T47
Norman, Rue (SLR) 27 O50
Normand, Rue (MTL) .6 L13 43 V-W56
Normand, Rue (PFD) 14 D42
Normandie, Rue de (MTL) .40 P72-73
Normandie, Rue de (MTN) .22 K63-64
Normandy, Prom. 28 O53
Normandy, Rue 12 F31-32
Normanville, Rue de . . . .
. . . . . . .28 O57 29 O58 38 P-Q58
North Ridge, Ch. 11 Z39
Northcliff, Av. 13 F35
Northcliffe, Av. 42 T51 U52

Northcote, Rue . . . . .36 S
Northcrest, Pl. . . . . .37 Q-R
Northgate, Rue 16 H3
Northluc, Av. 36 R4
Northmount, Av. 37 R53-5
Northview, Pl. 14 F42 17 G4
Northview, Rue (DDO) .14 F42 17 G44
Northview, Rue (MTO) .35 S47 36 S4
Norwalk, Ch. 36 R4
Norway, Ch. 36 P5
Norwood, Av. (MTL) 20 K5
Norwood, Av. (PCL) 17 H38-3
Notaire-Girard, Rue du 29 M-N6
Notre-Dame, Rue 35 S44 41 T4
Notre-Dame E., Rue 6 K16-1
. . . . .32 M77 O74 33 M7-
. . . . .39 R-S67 40 Q69 44 U6
Notre-Dame O., Rue . . . .5 K7 L9-1.
. . . . .6 K13-14 L13 41 U4
. . . . .42 U48 V49-50 43 V53-5
Notre-Dame-de-Grace, Rue .6 J-K1
Notre-Dame-de-Grâce, Av. 42 T50-5
Notre-Dame-de-Lourdes, Rue . . . .
. . . . .43 U-V5.
Notre-Dame-des-Anges, Rue . . . .
. . . . .19 J51-5.
Noue, Rue de . . . . . . .29 O62 38 P6.
Noue, Rue de la . . . . .48 Y-Z5.
Noyelles, Rue de . . . . .30 N6.
Noyers, Av. des . . . . .11 B42-4.
Nuckle, Rue 13 D36

Oak, Av. 34 P41
Oak, Rue 43 W56
Oak Ct. 13 D34
Oakdale, Av. 28 O55
Oakdale, Cr. 16 G35
Oakland, Av. 37 S53 43 T53
Oakland, Ch. 16 G34
Oakridge, Av. (MTL) . . .18 H47 19 H48
Oakridge, Av. (PCL) 17 J38-39
Oakridge, Rue 12 F31-32
Oakville, Av. 25 M-N41
Oakville, Pl. 14 F39
Oakville, Rue 14 F39
Oakwood, Av. 36 S48
Oakwood, Rue 14 E38-39
Oblats, Rue des 41 U45-46 U-V45
Oblats, Terr. des 41 U46
O'Brien, Av. 27 L-M52
O'Brien, Boul. 19 K52 27 L52
O'Bryan, Av. 36 S48 42 T48
O'Connell, Av. 26 O43
O'Connell, Rue 13 D37
Octave-Pelletier, Av. 22 J67
Odette-Oligny, Rue 19 J51
Ogilvie, Rue 46 Y47
Ogilvy, Av. 37 P55-56
O'Grady, Rue 27 N49-50
Oka, Rue 13 C-D36
Oka, Rue d' 41 V46
Old Church, Av. 16 J36
Old Forest, Ch. 13 D34
Old Orchard, Av. 42 T-V51
Old Park, Cr. 13 D34
Old Post, Av. 14 F39
O'Leary, Rue 14 D40
Olier, Av. 22 K64
Olier, Rue 43 W55
Olivar-Asselin, Rue 27 L52
Olivette-Thibault, Rue 38 S60
Olivia, Pl. 26 L47
Olivier, Av. 5 H7 43 U53
Olivier, Rue (MTL) 19 J50
Olivier, Rue (PFD) 15 D43
Olivier-Berthelet, Rue 28 M54
Olivier-Charbonneau, Av. . . . .
. . . . .22 K66 30 L66
Olivier-Guimond, Pl. 19 K48
Olivier-Lejeune, Av. 31 L70-71

livier-Maurault, Av. **28** M-N57
livier-Robert, Rue **6** J18 **44** U59
lympia, Boul. **28** L-M57
lympia, Rue **18** H46
lympic Dr. **13** F35
mega, Rue **13** E37
mer, Rue **14** D38
mer-Héroux, Av. **21** K62
mer-Lavallée, Rue **38** S60
mer-Ravary, Rue **44** U60
neida, Rue **17** H42
nésime-Brossoit, Rue **41** T47
nésime-Gagnon, Rue **35** P46
ntario, Pl. **5** H11 **43** U55
ntario, Rlle **44** T60
ntario, Rue **31** 071-72
. . .**32** N74 **39** R66-67 S64-65 **40** P70-71
ntario E., Rue . . . .
. .**6** H14-18 **43** U57 **44** T60-62 U58 **45** T63
ntario O., Rue **6** H-J14
rchard, Av. **41** V45
rchard, Rue **14** D-E38
rée-des-Bois, Rue de l' **47** Z52
'Reilly, Rue **48** Z54
riole, Cr. **25** L41
riole Dr. **14** E38-39
rléans, Av. d' **38** Q-S61 **44** T61
rléans, Rue d' **18** H46
rly, Av. **26** 043-44
rmeaux, Av. des **30** 067
rmeaux, Rue des **39** P-R67
rmes, Av. des **11** B42
rnain, Pl. **39** P65-66
rphelinat, Rue de l' **42** T51
sborne, Rue **47** X-Y51
scar, Av. **21** K59
scar, Rue **22** J66
scar-Arès, Rue **21** K59
scar-Benoit, Rue **32** 073 **40** P73
scar-Dunn, Rue **28** M54
scar-Roland, Rue **29** N-058
slo, Rue **15** E43
stell, Pl. **36** P-Q52
stell Cr. **36** Q52
stiguy, Rue **27** N49-50
ttawa, Rue **5** L10-12 **43** W55-56
uellette, Av. **41** U47
uellette, Rue (MTN) **22** K63
uellette, Rue (PFD) **14** D38
uellette, Terr. **41** W45
uimet, Pl. **11** B39
uimet, Rue (IBZ) **11** B39 **14** C39
uimet, Rue (SLR) **27** M51-52 N51
uimet, Rue (VRD) **47** Y49
utremont, Av. **37** Q-R55
utremont, Av. d' **37** P55
verdale, Av. **5** J-K10 **43** V55
vide, Av. **17** K39
vide-Clermont, Av. **22** K63
vila-Allard, Rue **32** L73
vila-Boucher, Av. **21** K62
vila-Légaré, Rue **29** M60
xford, Av. **36** S51 **42** T-U51
xford, Rue (BDU) **12** E29-30
xford, Rue (DDO) **14** E39
xford, Rue (SLR) **27** L51
zias-Leduc, Av. **22** J65

P.-E.-Lamarche, Rue **30** N63-64
P.-M.-Favier, Av. **22** K63
Pacific, Rue **43** W54
Pacifique, Av. du **41** T46
Pacifique, Rue du **12** C-D28
Paddington, Rue **14** F41
Padoue, Rue de **29** N61
Pagé, Av. **46** Y47
Pagé, Terr. **11** Y-Z39
Pagnuelo, Av. **37** R-S55
Paiement, Rue (IBZ) **14** C40
Paiement, Rue (PFD) **14** D39
Paimpol, Rue de **29** 062

Painter-Cir., Rue du **27** L51-52
Paisley, Rue **38** P62
Paix, Rue de la **27** L52
Palace, Rlle **5** J12 **43** U56
Palefreniers, Rue des (DDO) . .**18** H46
Palefreniers, Rue des (PFD) . .**13** C35
Palerme, Rue de **38** P61
Palm, Av. **42** V52
Palmer, Av. **35** R47
Palmerston, Av. **37** P54
Palmerston, Rue **38** P62
Palmieri, Rue **28** L-M57
Palomino, Rue du **13** C35
Panet, Rue (MTL) **6** G-J17 K17 **44** T-V58
Panet, Rue (PFD) **14** D38
Panis-Charles, Rue **31** L71
Papillon, Av. **17** J41
Papineau, Av. **6** G-J17 **21** K58
. . . . . **29** L-N58 **38** P-S58 **44** T58 U59
Paprican, Av. **17** H39
Paquette, Rue (LSL) **41** W46
Paquette, Rue (PFD) **15** E45
Paquin, Av. **41** W45
Paquin, Rue **14** C39
Paradis, Rue **38** P59
Paramount, Rue **14** D42
Parc, Av. du (IBZ) **14** C39
Parc, Av. du (MTL) . . . .
. . . .**6** G-H13 **28** N55 **37** Q-S56 **43** T-U56
Parc, Pl. du **31** 072
Parc, Rue du **14** C42
Parc René-Goupil, Rue du . . .**29** N61
Parc-de-Lotbinière, Rue du . .**39** 064
Parc-Garneau, Rue du **42** W50-51
Parc-Georges, Av. du . . . .
. . . .**21** K59 K60 **29** L59
Parc-Josée, Rue du **14** C-D39
Parc-La Fontaine, Av. du **6** G16 **44** T58
Parc-Marguerite-Bourgeoys, Rue du
. . . .**48** X54
Parcours, Rue du **30** M67
Parc-Penhurst, Av. du **17** J-K38
Parc-Royale, Rue **14** D39
Pardo, Av. **17** J39
Paré, Rue **36** Q50-52
Parent, Rue (LSL) **41** W46
Parent, Rue (MTL) **40** P72
Parent, Rue (SLR) **27** M52 **28** M53
Paris, Av. de (MTN) . .**21** J-K60 **29** L60
Paris, Av. de (PCL) **17** K41 **25** L41
Paris, Rue de (DDO) **18** H44
Paris, Rue de (MTL) **48** X54
Park, Ch. **16** G-H35
Park, Pl. **35** R48
Park Row E. **42** T-U49
Park Row O. **42** T-U49
Park Ridge, Ch. **16** G36
Parkdale, Av. **17** K40
Parkdale, Rue **47** X49
Parker, Rue **13** D37
Parkfield, Av. **25** L-M41 M42
Parkfield, Cir. **25** M42
Parkhaven, Av. **36** R48
Parkinson, Rue **15** E44
Parkland, Av. **17** K41
Parklane, Rue **14** F40
Parkman, Pl. **42** U52
Parkside, Pl. **43** T54
Parkside, Rue **42** T48
Park-Stanley, Av. **20** K56
Parkview, Ch. **36** S49
Parkview, Cr. **36** S49
Parkville, Av. **39** R65
Parkway, Boul. **30** L-N66
Parkwood, Cir. **25** N42
Parnier, Rue **14** D39
Parthenais, Rue **6** G-J18 **21** K58
. . . .**29** L-M58 **38** S59 **44** T-U59
Partridge, Av. **25** L41
Parulines, Rue des **47** Z52

Pascal, Rue (MTN) **22** J63-64
Pascal, Rue (PFD) **14** D39
Pascal-Gagnon, Rue **30** L64 M64
Pasquini, Rue **17** G38
Passereaux, Rue des **48** Y-Z53
Pasteur, Pl. **6** J15
Pasteur, Rue (DDO) **15** E43
Pasteur, Rue (MTL) **20** K53 **28** L53
Patenaude, Rue **11** A42-43
Paton, Rue **27** N50
Patrice, Rue **41** W47
Patricia, Av. (MTL) . . .**36** S48 **42** T-U48
Patricia, Av. (MTN) **21** J61
Patricia, Rue **27** L51
Paul, Rue (IBZ) **14** C39
Paul, Rue (MTN) **22** J63
Paul-Boutet, Rue **29** 059
Paul-Brazeau, Rue **14** E38
Paul-Comtois, Rue **28** M54
Paul-Contant, Av. **19** J50
Paul-Contant, Rue **19** J-K50
Paul-Corbeil, Rue **29** M61
Paul-De-Maurel, Rue **22** K67
Paul-Dufault, Av. **22** J67
Paul-Émile-Borduas, Pl. **6** H15
Paul-Émile-Chevrier, Rue . . .**41** T47
Paul-Émile-Corbeil, Rue . . .**32** M77
Paul-Émile-Côté, Cr. **42** W50
Paul-Émile-Lamarche, Av. . . . .
. . . .**23** K68 **31** L68
Paul-Émile-Petit, Rue **29** L62
Paul-Huet, Rue **29** 060-61
Pauline, Rue **41** V47
Pauline-Donalda, Rue **32** M77
Pauline-Julien, Rue **38** R58
Pauline-Lightstone, Carré . .**27** L49
Pauline-Vanier, Rue **30** N65-66
Paul-Letondal, Rue **22** J65
Paul-Morand, Rue **19** J49
Paul-Pau, Rue . . . **39** P-Q67 **40** Q-R68
Paul-Sauvé, Rue **29** N62
Paulus, Rue **18** K46-47
Pavillon, Rue **15** D-E44
Paxton, Rue **5** L10 **43** V55
Payant, Rue **41** W46
Payette, Rue **5** L9 **43** W55
Payfer, Rue **13** D35
Peel, Rue **5** G-L11 **43** U-W56
Péguy, Rue **30** N63
Pélican, Rue du **30** M-N59
Pelletier, Av. **21** J-K61 **29** L61
Péloquin, Av. **20** K56 **28** L56
Pendennis, Av. **17** H40
Penn, Ch. **16** G37
Penniston, Rue (LSL) **46** Y47
Penniston, Rue (VRD) **47** X49
Pensées, Rue des **22** J63
Pépinière, Av. de la **39** Q-R64
Pépinière, Pl. de la **39** R64
Percé, Rue de **41** W45 **46** X45
Perce-Neige, Rue des . .**21** K62 **22** K63
Percival, Av. **41** T47 **42** T48
Père-De Foucauld, Av. **22** J63
Père-Marcoux, Rue **44** U62
Perham, Av. **37** R54
Périard, Rue **13** D37
Périgord, Rue du **27** M50
Périnault, Rue (MTL) **19** K51
Périnault, Rue (SLN) **30** M63
Pérodeau, Av. **39** 064
Peronne, Av. **37** R54-55
Perras, Boul. . . . .
. . . .**22** J65 **23** K68 K70-71 **24** K73
Perras, Pl. **22** J66
Perras, Rue (LSL) **47** X48
Perras, Rue (MTN) **21** J62
Perrault, Rue **12** D28-29
Perreault, Rue **14** D39
Perrier, Av. **17** J40
Perrier, Rue (SAB) **12** C32
Perrier, Rue (SLN) **29** M-N61

Perron, Rue 15 C-D43
Persilier, Boul. 28 M53-54
Person, Rue du 13 C35
Perthuis, Rue 30 M63
Pesant, Rue 29 N61
Peterborough, Av. 30 O66
Peter-Curry, Av. 21 K59
Peter-McGill, Rue 44 U60-61
Petit, Rue 27 N-O52
Peugeot, Rue 29 O62
Peupliers, Av. des 11 B42
Pheasant, Av. 25 L41
Pheasant, Rue 18 H44
Philias-Gagnon, Rue 29 L62
Philippe, Rue (DDO) 14 F40
Philippe, Rue (SGV) 14 D39-40
Philippe-De-Carion, Av. . .22 K67
Philippe-Girard, Rue 38 R60
Philippe-Hébert, Rue . .20 K53 28 L53
Philippe-Lebon, Av. 22 K66-67
Philippe-Lebon, Pl. 22 K67
Philippe-Panneton, Av. . . . .
. . . . .22 J-K66 K65 30 L65
Philippe-Panneton, Pl. . . .22 J65-66
Philippe-Rottot, Av. 19 J49-50
Phillippe-Turcot, Rue 42 V51
Phillips, Av. 9 A31
Phillips, Pl. 5 J12 6 J13 43 U-V56
Philosophes, Rue des . .23 K71 31 L71
Picard, Pl. 25 L-M42
Picard, Rue 6 J15
Picardy, Rue 12 F32
Picasso, Pl. 30 L63
Picasso, Rue (DDO) 14 E41
Picasso, Rue (SLN) 30 M63
Piché, Rue (LCH) . . .35 S44-45 41 T45
Piché, Rue (MTL) 20 K53
Pickwood, Av. de 17 J39-40
Picquet, Ch. 5 G8-9 43 U54
Piedmont, Rue du 37 S53
Pie-IX, Boul. . .21 K60-61 29 M-N60 O61
. . . . .38 P61 R61 S61-62
Pierce, Rue 5 J10 43 U55
Pierre, Rue 22 J63-64
Pierre-Auger, Rue 30 O64 39 P64
Pierre-Ayot, Rue 28 M54
Pierre-Baillargeon, Av. 23 J-K68 31 L68
Pierre-Bédard, Rue 39 Q63-64
Pierre-Bernard, Boul. 39 P-O67 40 R68
Pierre-Blanchet, Av. . .22 J65-66 K65
Pierre-Blanchet, Pl. 22 K65
Pierre-Boileau, Rue . . .11 B40 14 C40
Pierre-Bonne, Rue 31 L68-69
Pierre-Brion, Rue 32 N74
Pierre-Charbonneau, Av. . . . .
. . . . .38 R62 39 R63
Pierre-Chasseur, Rue . . .30 L65-66
Pierre-Chevrier, Av. 39 Q-R64
Pierre-Corneille, Rue 39 Q65
Pierre-Couturier, Rue . .23 K68 31 L68
Pierre-Curie, Rue 28 L53-54
Pierre-Dagenais, Rue . .19 K49 27 L49
Pierre-de-Coubertin, Av. . . . .
. . . . .38 S62 39 Q67 R64 40 Q68
Pierre-Dupaigne, Pl. 28 N57
Pierre-Dupaigne, Rue . . .28 N57
Pierre-Dupuy, Av. . . . .
. . . . . .43 W56-57 44 W58 49 X58-59
Pierre-Elliott-Trudeau, Rue . .29 M61
Pierre-Émond, Rue 44 T62
Pierrefonds, Boul. de . . . .
. . .13 C35 D36-37 14 D40-41 15 D-E43
Pierre-Forestier, Rue 23 J68
Pierre-Foretier, Rue . . .11 B41 14 C41
Pierre-Gadois, Rue . . .30 O64 39 P64
Pierre-Gaulin, Rue 39 P64
Pierre-Gauthier, Rue 35 S46
Pierre-Héroux, Av. 42 V-W51
Pierre-Lacroix, Rue 40 P72
Pierre-Lauzon, Rue 18 G46
Pierre-Legault, Rue 14 E38

Pierre-Louis-Panet, Rue 31 L71
Pierre-Magnan, Rue 39 P64
Pierre-Maguet, Pl. . . .22 K67 30 L67
Pierre-Maguet, Rue . . .22 K67 30 L67
Pierre-Mallet, Av. 25 N42
Pierre-Martin, Av. 23 J68
Pierre-Mercure, Rue 32 L-M77
Pierre-Panet, Rue 11 B41
Pierre-Rémi-Narbonne, Av. . . .22 K67
Pierre-Tétreault, Rue 39 P-R67
Pierre-Trudeau, Rue 14 E41
Pierre-Voyer, Av. 31 L68
Pigeon, Av. (ANJ) 30 N-O66
Pigeon, Av. (MTN) 21 J-K62 K61 29 L61
Pigeon, Rue 42 W48
Pignerolles, Pl. des 39 P65
Pilon, Av. 16 J36
Pilon, Rue (LSL) 46 X-Y47
Pilon, Rue (PFD) 10 B35
Pin, Av. du 30 N64-65
Pine, Av. 34 P41
Pine, Rue (BCF) 16 G33
Pine, Rue (PFD) 14 D40
Pine-Beach, Boul. 25 M42 N41
Pinecrest, Rue 15 E-F43
Pinedale, Av. 36 R50
Pinetree, Cr. 16 H34
Pineview, Ch. 36 R48
Pinewood, Av. 25 M41
Pinewood, Rue 14 E38-39
Pins, Ch. des 12 C31
Pins, Rue des 14 F40 17 G40
Pins E., Av. des 6 G14-15 43 T57
Pins O., Av. des 5 G9-12 43 U55-56
Piper's, Rue 14 E38
Pirée, Rue du 27 L50
Pirie, Av. 12 D31
Pitfield, Boul. 18 J-K47 26 M47
Pitt, Ch. 36 P51-52
Pitt, Rue 42 W52
Place d'Armes, Côte de la . . . .
. . . . .6 K14 43 V57
Place Pearson, Rue . . .13 F36 16 G36
Plage-Rivièra, Rue de la 14 D38
Plaines, Av. des 38 Q62
Plaisance, Rue 14 D42 15 D43
Plamondon, Av. 36 R51-52
Plantagenet, Pl. 37 R54
Plantagenet, Rue 37 R54
Plateau, Av. du 17 H39
Plateau, Terr. le 41 W45
Plaza, Av. 21 J-K60 29 L60
Pléiade, Rue de la 30 N-O64
Plessis, Rue 6 G-J17 44 T-U58
Plinguet, Rue 29 M61
Plouffe, Rue 19 K52
Plymouth, Av. (PCL) 17 G39
Plymouth, Av. (TMR) 36 P51-52
Pocé, Pl. 30 O66
Poincaré, Rue 20 K54
Pointe Nord, Ch de la 48 Z55
Pointe-Claire, Av. de la . .16 J36-37
Pointeliers, Pl. des 40 P-Q72
Pointe-Sud, Ch. de la . . .47 Z52
Poiriau, Rue 13 D36
Poirier, Boul. . .26 M47 27 L50 M48-49
Poirier, Rue 27 M51-52
Poitevin, Rue 38 S58
Poitiers, Rue 13 D35
Poitou, Rue 29 L62
Poitou, Rue de 40 P72
Poitras, Av. 21 K59
Police, Rue de la 5 J10
Polytechnique, Ch. de . . .37 S53-54
Pomba, Rue 26 M47 27 M48
Pominville, Rue 13 D36
Poncet, Rue 28 L53-54
Poncheville, Rue de 21 K59
Ponner, Av. 17 K41-42
Ponsard, Av. 36 S52
Pont, Mtée du 14 C39-40

Pont, Rue du (MTL) . . . . .21 K?
Pont, Rue du (SGV) . . . . .14 C39-4?
Pontbriand, Rue . . . . .30 N?
Pontbriand, Rue de . . . . .37 P?
Pontgravé, Rue de . . . . .19 K?
Pontiac, Rue (MTL) . . . . .37 S?
Pontiac, Rue (PFD) . . . . . . .15 C4?
Pontmain, Rue de . . . . . .29 N61-6?
Pontoise, Pl. de . . . . .39 P?
Pontoise, Rue de . . . .30 O63 39 P?
Ponts-de-Cé, Av. des . . . . . .30 N?
Poplar, Av. . . . . .34 P4?
Poplar, Pl. . . . . .12 F31-3?
Poplar, Rue . . . . .14 E-F4?
Port, Av. du . . . . .44 V59-6?
Port, Rue du . . . . .6 L13 43 V5?
Portage, Av. . . . . .39 P6?
Port-de-Montréal, Rue . . . .
. . .6 L17 44 U60-62 V58 45 T63-66 U6?
Portland, Av. . . . . . . .36 P52 37 P5?
Portland, Pl. . . . . .16 H3?
Portland, Rue . . . . .42 T4?
Port-Royal E., Rue de . . . .
. . . . .28 M55-57 29 L58-5?
Port-Royal O., Rue de . . .28 M54-5?
Port-Saint-Malo, Rue . . . . .11 B4?
Portsmouth, Av. . . . . .17 G3?
Portway, Av. . . . . .14 F3?
Pothier, Av. . . . . . . .28 L57 29 L5?
Poudrette, Rue . . . . .14 C4?
Poudrière, Rue de la . . . . .48 X5?
Pouget, Rue . . . . .29 M6?
Poupart, Rue . . . . .44 T-U59?
Poutrincourt, Av. de . . . .
. . . . . .19 K52 20 K53 27 L52 28 L5?
Powell, Av. . . . . .36 P51-5?
Prado, Rue du . . . . .30 L6?
Prairie Dr. . . . . .16 H-J3?
Prairie La. . . . . .16 H3?
Prairies, Rue des . . .21 K58 29 L-M5?
Pratt, Av. . . . . .37 Q-R5?
Prébois, Rue de . . . . .39 P6?
Préfontaine, Rue . . . . .38 S60 44 T6?
Pré-Laurin, Rue du . . . . . .29 N6?
Prénoveau, Rue . . . . .37 R5?
Prés, Pl. des . . . . . . .11 B40 14 C3?
Présentation, Av. de la .25 O42 34 P4?
Président-Kennedy, Av. du . . . . . .
. . . . .5 H12 6 H13 43 U56-5?
Pressoir, Rue du . . . . .21 K5?
Preston Dr. . . . . .16 G34-3?
Prével, Rue . . . . .13 D3?
Préville, Rue . . . . .41 V4?
Prévost, Rue . . . . .14 D3?
Prieur, Pl. . . . . .28 L-M5?
Prieur E., Rue . . .21 K58-60 28 L55-5?
Prieur O., Rue . . . . .28 L5?
Primat-Paré, Rue . . . . .23 K7?
Primevères, Cours des . . .48 Z54-5?
Primot, Pl. . . . . .29 M6?
Primot, Rue . . . . .29 M6?
Prince, Rue (BCF) . . . . . . .16 G3?
Prince, Rue (MTL) . . . .5 L12 43 V-W5?
Prince, Rue (PFD) . . . . . . .15 F4?
Prince Rupert, Av. . . . . . . .17 H3?
Prince-Albert, Av. . . . . . . .42 U5?
Prince-Albert, Rue . . . .
. . . .32 N75 O74 40 P72-73 Q71-7?
Prince-Arthur, Rue (BCF) . . .16 G3?
Prince-Arthur, Rue (MTL) . . . .
. . . . .32 L-M77 M-N74 N7?
Prince-Arthur E., Rue 6 G14-15 43 T5?
Prince-Arthur O., Rue . . . .
. . . . .5 G12 6 G13 43 T56-57 U5?
Prince-Charles, Av. . . . . . . .25 L4?
Prince-Edward, Av. (PCL) .17 K40-4?
Prince-Edward, Av. (ROX) .15 F4?
Prince-George, Av. . . . . . . .44 T5?
Prince-of-Wales, Av. . .36 S49 42 T4?
Prince-Philip, Av. . . . . . . .37 R5?
Prince-Philip, Rue . . . . . .25 N-O4?

rzeau, Rue **19** K50
ogrès, Rue du **21** K60-61
ospect, Rue **5** J7-8 **43** V54
oulx, Av. **22** J63
roulx, Rue (IBZ) **11** B41 **14** C41
roulx, Rue (LSL) **41** W47
rovençale, Rue **44** U59
rovence, Rue de (SLN) **29** M61
rovence, Rue de (SNV) **15** C43
rovencher, Boul. . . .**29** M-061 **38** P61
rovencher, Pl. **29** N61
rovidence, Av. **40** Q71
rovidence, Rlle de la . .**6** H15 **44** U58
rovost, Rue (LCH)
. . . .**35** R44 S45-46 **41** T46
rovost, Rue (MTL) **44** T-U61
ruches, All. des **39** P63-64
rud'Homme, Av. **42** T-V51
runelle, Rue de la **48** Y54
runiers, Av. de **30** N64-65
uccini, Rue **29** O60
ullman, Rue **42** U48-50 V51
urcell, Rue **14** C-D42
uyseaux, Rue **29** L-M62
yrénées, Rues des **27** L51

Queen, Av. **17** K40-41
ueen, Rue **5** L12 **43** V-W56
ueen-Mary, Ch. . .**36** R-S50 **52** 37 S53
uenneville, Rue **28** M53
uerbes, Av. **28** O55 **37** P55 Q-R56
uesnel, Rue **5** K8-9 **43** V54-55
uesnel, Terr. **5** K8 **43** V54
uévillon, Rue **38** P59
ueylus, Av. de **28** M57 **29** M58
uinlan, Rue **41** V46
uinn, Rlle **47** X52
uinn, Rue **18** G43
uintin, Rue **28** M53-54

Rabelais, Av. **30** O66
Racette, Av. **21** J-K62 **29** L62
Rachel, Rue **18** G46
Rachel L., Rue **38** S60-61 **43** T57 **44** T58
Rachel O., Rue **43** T57
Racine, Av. **14** D42
Racine, Rue (DVL) **25** O42 **26** O43
Racine, Rue (MTN) **22** J64
Radcliffe, Ch. **35** S47 **36** S48
Radisson, Av. **17** J41
Radisson, Rue (DDO) **14** E42
Radisson, Rue (LSL) **41** V-W46
Radisson, Rue (MTL) **39** Q65
Ragueneau, Rue **29** M61-62
Raiche, Rue **15** D-E43
Raimbault, Av. **17** J41
Raimbault, Rue (DDO) **15** E43
Raimbault, Rue (SLR) **27** M-N52
Rainaud, Rue **32** O73
Rainier, Rue **39** P64
Rameau, Rue (MTL) **39** R67
Rameau, Rue (SLN) **30** N63
Ramezay, Av. de **5** G8 **43** T-U54
Ramezay, Ch. **5** G8 **43** U54
Ramezay, Pl. de **5** G8 **43** U54
Ramsay, Rue **15** D43
Ramses-II, Rue **13** E34
Ramsgate, Av. **17** H-J40
Rancourt, Rue (LSL) **41** W46-47
Rancourt, Rue (MTL) .**21** K58 **29** L-M58
Rand, Av. **35** R47
Randall, Av. (CSL) **36** R49
Randall, Av. (MTL) **36** S50
Ranger, Rue **19** J-K51
Raoul-Déry, Rue **32** M76
Raoul-Jobin, Pl. **32** M77
Raoul-Jobin, Rue **32** M77
Raphaël-Bellemare, Rue . . .**22** J65-66
Rapides, Av. des **46** X-Y46

Rapides, Terr. des **46** X46
Raspberry, Cr. **16** G-H35
Rathwell, Rue **35** R45
Raudot, Rue **42** W50 **47** X50
Ravary, Rue **42** W48
Ravel, Rue (DDO) **14** E39
Ravel, Rue (SLN) **30** M63
Ravenel, Rue **30** M65
Ray-Lawson, Boul. . . .**30** M-N66
Ray-Lawson, Pl. **30** N66-67
Raymond, Pl. **13** E35
Raymond, Rue (IBZ) **14** C39
Raymond, Rue (LSL) **46** X-Y47
Raymond, Rue (PFD) **14** C-D42
Raymond-Lasnier, Rue . . .**27** L48-49
Raymond-Renault, Rue . . .**29** L61-62
Raynor, Av. **25** L40
Reading, Rue de **43** W54
Réal-Benoit, Rue **32** M76
Récollets, Av. des . . .**21** J-K60 **29** L60
Récollets, Rue des **6** L13 **43** V56
Red Cedar, Ch. **16** G35
Red-Cross, Rue **41** W45
Redfern, Av. **5** H7 **43** U53
Redfern, Pl. **16** G32
Redpath, Pl. **5** H10 **43** U55
Redpath, Rue **5** H10 **43** U55
Redpath Cr. **5** G10-11 **43** T55
Redpath Ct **5** H10 **43** U55
Redpath Row **5** H10 **43** U55
Redwood, Av. **36** R49
Redwood, Rue **14** E40
Reeves, Rue **40** P72
Regal, Ch. **36** R49
Regatta, Av. **17** K38
Regent, Av. (BCF) **16** G34
Regent, Av. (MTL) **42** U51
Regent, Ch. **37** P54
Regina, Rue **48** X53
Régina, Rue de **14** C42 **15** C43
Réginald-Brown, Rue **13** E36
Régnier, Rue **32** O73
Régrattiers, Rue des **29** O58
Reims, Rue de **28** N55-56 O56
Réjane, Rue **41** W46-47
Rembrandt, Av. **36** R49
Remembrance, Ch. **43** T54-55
Remembrance, Rue **35** S44-45
Renaud, Av. **26** O46
Renaud, Pl. **17** G38
Renaude-Lapointe, Rue **30** M65
René-Bauset, Rue **28** L-M54
René-Chopin, Rue **22** J-K66
René-Descartes, Rue . **22** K65-67 **23** K68
René-Desprès, Rue **15** E43-44
Renée, Rue **41** V47 **42** V48
René-Émard, Rue **14** D-E41
Renée-Vautelet, Rue **32** L73
René-Goupil, Rue **29** M60-61
René-Guénette, Pl. **20** J53
René-Huguet, Rue **35** O43
René-Labelle, Rue **28** N57 **29** N58
René-Lévesque, Boul. (VRD)
. . . .**48** Z54-55
René-Lévesque, Rue (MTL)
. . . .**32** O73 **040** P71-72
René-Lévesque E., Boul.
. . . .**6** J14-17 **43** U57 **44** U58-59
René-Lévesque O., Boul.
. . . .**5** J9-12 **6** J13 **43** V55-56
René-Masson, Av. **23** K69
René-Paré, Pl. **29** N62 **30** N63
Renfrew, Av. **43** T53
Rennie, Av. **41** T47
Renoir, Rue (DDO) **14** E41
Renoir, Rue (MTN) . .**22** K63 K64 **30** L64
Renty, Av. de **39** Q64
Renty, Rue de **29** N62
Repentigny, Av. de **39** P-R64
Resther, Rue **37** R-S57
Revcon, Av. **17** G40

Reverchon, Av. **17** K42 **18** K43
Reverchon, Rue **26** N47
Revere, Av. **28** O54
Rhéaume, Av. **30** N-O67
Rhéaume, Rue **48** X53
Rhône, Av. du **39** P65-66
Ribout, Rue **13** D-E36
Richard, Av. **40** Q70
Richard, Rlle **5** L12 **6** L13
Richard, Rue (IBZ) **10** B37 **11** B38
Richard, Rue (MTL) **32** N-073
Richard, Rue (PFD) **14** D-E39
Richard, Rue (VRD) **47** Y51
Richard-Angus, Pl. . **38** R60-61 S60-61
Richard-Hewton, Rue **35** Q-R43
Richard-Meloche, Rue **15** F43
Richard-Scott, Cr. **41** T47
Richardson, Av. **41** T-U47
Richardson, Rue **43** W54-55
Richelieu, Pl. **5** H11 **43** U55
Richelieu, Rue **32** N74
Richelieu, Rue de **43** V53
Richelieu, Terr. **14** D38
Richer, Pl. **39** P63
Richer, Rue (LCH) **35** S46-47
Richer, Rue (PFD) **15** D43-44
Richmond, Pl. **5** K10 **43** V55
Richmond, Rue (LCH) **41** U47
Richmond, Rue (MTL)
. . . .**5** K-L10 **43** V-W55
Richmond, Rue (PFD) **14** D41-42
Riddle, Av. **26** O45
Rideau, Rue **14** D40
Ridgewood, Av. **37** S53 **43** T53
Riel, Av. **14** E38
Rielle, Rue **47** X52
Rigaud, Rue de **6** G15 **43** T57
Rimbaud, Rue **29** N62
Rina-Lasnier, Rue (MTL) **38** S60
Rina-Lasnier, Rue (SLN) **39** P63
Ringuet, Rue **29** M62
Rioux, Rue **43** W55-56
Rita, Rue **14** C42
Riva-Bella, Rue de **13** D36-37
Rivard, Rue **6** G15 **37** R-S57 **43** T57
Rivau, Rue **13** D35-36
Rive-Boisée, Ch. de la **14** C41-42
River, Rue **13** C37
Riverains, Prom des **30** M64
Riverdale, Boul. **15** D44
Riverside, Rue **43** W56
Riverview, Rue (LSL) **41** U45
Riverview, Rue (VRD) **47** Y51
Riverwood Grove, Rue **13** E34
Rivet, Rue **31** O70
Rivier, Rue **38** S60-61
Riviera, Rue **15** D44
Rivière-des-Prairies, Boul. . . .**23** K70
Rivières, Rue des **13** C-D37
Rivoli, Av. de **19** J51
Robert, All. **29** N61
Robert, Av. (MTN) **22** H-J64
Robert, Av. (OUT) **37** R54
Robert, Boul. **29** N59-62
Robert, Pl. (IBZ) **11** B39
Robert, Pl. (MTN) **22** H-J63
Robert, Rue (IBZ) **11** B39
Robert, Rue (LSL) **41** W47
Robert, Rue (PFD) **14** D38
Robert-Armour, Rue **31** L68-69
Robert-Burns, Rue **36** S48
Robert-Charbonneau, Rue **28** M53-54
Robert-Chevalier, Rue **31** N72
Robert-Choquette, Rue **27** L49
Robert-Élie, Rue **32** M-N75
Robert-Giffard, Av. . . .**19** K51 **27** L51
Robert-Gravel, Rue **38** R58
Robertine-Barry, Rue **28** M54
Robert-Joncas, Pl. **27** N49
Robert-Jurie, Rue **39** Q65
Robert-Peary, Rue **27** M50

Robertson, Rue 28 N53
Robert-Stephenson, Rue 30 L66
Roberval, Rue de 42 W51-52
Robichaud, Rue 19 K50
Robidoux, Rue 41 V47
Robillard, Av. 6 J16 44 U58
Robin, Av. (BCF) 13 F35
Robin, Av. (DVL) 25 M41
Robin, Rue 6 H16 44 U58
Robinsdale, Av. 17 J38-39
Robinson, Av. 36 R-S49
Robitaille, Rue (MTL) . .30 O67 39 P67
Robitaille, Rue (PFD) . .18 G45-46
Robitaille, Rue (SLR) 19 J-K50
Rochdale, Rue 29 M62
Roch-Desjardins, Av. . .22 K67 23 K68
Roche, Av. de la 16 H37 17 H38
Roche, Rue de la (DDO) . . .14 E41-42
Roche, Rue de la (MTL) . . .28 L56-57
Roche-sur-Yon, Av. 30 O66
Rochette, Rue 30 M63
Rochon, Rue . . .27 M51-52 N52 28 N53
Rockcliffe, Av. 25 L-M42
Rockhill, Cr. 13 F33
Rockland, Av. 37 Q-R55
Rockland, Ch. 28 O54 37 P54
Rockledge Court, Rue 43 T54
Rockwood, Rue 14 E42
Rockwyn, Av. 17 H-J39
Rodney, Av. 17 K41 25 L41
Rodolphe-Bédard, Pl. 27 O51
Rodolphe-Forget, Boul.
. . . . .23 J-K69 K68 31 L68
Rodolphe-Mathieu, Av. . .39 P63-64
Rodolphe-Pagé, Rue 25 N42
Roger, Rue (IBZ) 10 Z36
Roger, Rue (PFD) 13 D-E37
Roger-Pilon, Rue 14 E-F41 15 F43
Roi-René, Boul. 30 O66-67 39 P67
Roland-Jeanneau, Av. . . .48 Y53-54
Roland-Milette, Av. 28 M57
Roland-Paradis, Av. 22 J66
Roland-Paradis, Pl. 22 J66
Rolland, Av. 41 T47
Rolland, Boul. 22 J64 K63
Rolland, Rue (PFD) 14 D40
Rolland, Rue (VRD) 47 X-Y50
Rolland Laniel, Rue 13 E35
Rolland-Germain, Av. . .23 K71 31 L71
Rolland-Jeanneau, Rue 31 L72
Rollin, Pl. 11 B40
Rollin, Rue (PFD) 14 D38
Rollin, Rue (SLN) 30 O63
Rome, Av. de 21 J-K60 29 L60
Roméo, Av. 14 C-D42
Roméo-Vachon, Rue 26 N43
Roméo-Vachon N., Rue . .26 M-N43
Roméo-Vachon S., Rue 26 N43
Romuald-Trudeau, Rue 28 M54
Ronald, Prom. 42 U48
Ronald, Rue 22 J63
Ronceray, Av. du 30 O66
Rondeau, Av. 30 N-O67
Rondeau, Rue 16 H37 17 H38
Ronsard, Av. 30 N64
Roosevelt, Av. 37 P53-54
Roosevelt, Rue 14 F39
Ropery, Rue 43 W54
Roquancourt, Rue de 37 Q53-54
Roquebrune, Av. 29 M61
Rosaire, Rue du 28 O57
Rosario-Bayeur, Rue . .22 K67 23 K68
Rosario-Fortin, Rue 23 K71
Rosconi, Rue 27 L49
Rose, Rue 18 G46
Rosedale, Av. (BCF) 16 G35
Rosedale, Av. (CSL, MTL)
. . . . .36 R-S49 42 T49
Rosedale, Rue 14 F39
Rose-de-Lima, Rue . .5 J-L7 43 V-W53
Roselawn, Cr. 28 O54 37 P54

Roselawn, Rue 14 F42 15 F43
Roselins, Rue des 48 Z53
Rose-Marie, Rue 10 A-B34
Rosemont, Boul.
. . . . .38 O59-62 R58 39 Q63-64
Rosemount, Av. 5 G-H7 43 U53-54
Rosemount Cr. 5 G7 43 U53
Rose-Ouellette, Rue 38 S60
Roseraies, Boul. des . .30 O65 39 P65
Roseraies, Pl. des 30 O65
Roses, Rue des 22 J63
Rosewood, Rue 41 T47
Roskilde, Av. 37 S55
Roslyn, Av. (BCF) 16 H35
Roslyn, Av. (MTL, WMT)
. . . . .36 S52 42 T-U52
Ross, Rue 15 E44
Ross, Rue 48 X53
Rothbury, Av. 17 H38
Rouen, Rue de 6 G18 38 S62 44 T59-61
Rougemont, Av. 39 S64 45 T64
Rougemont, Rue 13 E36
Rouleau, Rue 13 D37
Roulier, Rue 6 K16 44 U58
Roumefort, Rue 11 B40
Roundtree, Av. de 14 F39 17 G39
Rousseau, Rue (LSL) 41 V47
Rousseau, Rue (MTL) 39 P67
Rousselot, Rue 29 O58 38 P58
Roussin, Rue 11 Y-Z40
Rousson, Rue 13 D36
Rouville, Rue 14 F42
Rouville, Rue de 44 U61
Roux, Rue 39 Q66
Rowan, Av. 16 G36
Roxborough, Av. 37 S53 43 T53
Roxton, Cr. 35 S47
Roy, Av. 25 N-O42
Roy, Cr. 35 R45 S46
Roy, Rue (IBZ) 14 C38-39
Roy, Rue (MTL) 6 G14-15 32 M73
Roy, Rue (MTN) 22 J63
Roy, Rue (SLR) 27 N52
Roy E., Rue 6 G14-15 43 T57
Roy O., Rue 43 T57
Royal, Av. (BCF) 13 F35-36
Royal, Av. (MTL) 42 T50
Royal, Rue 14 D40
Royale, Pl. 6 L13-14 43 V57
Royalmount, Av. 36 P49-51
Royden, Ch. 36 P51
Rozel, Rue de 48 X54
Rubens, Rue 13 E36
Rufus-Rockhead, Rue .5 L7-8 43 W54
Rugby, Pl. 35 S47
Ruisseau, Av. du (IBZ) 14 C41
Ruisseau, Av. du (MTL) . . .18 H-J47
Ruisseau, Boul. du 27 L-M52
Ruisseau, Cr. du 27 L52
Ruisseau, Rue du 13 F35
Ruisseau, Terr. du 35 R44-45
Runnymede, Rue 14 F40
Rupert, Rue 14 E38
Rushbrooke, Rue (DDO) . . .18 J45
Rushbrooke, Rue (MTL) . . .48 X54
Rushbrooke, Rue de 48 X53
Ruskin Dr. 16 H36-37
Russell, Av. 28 O53-54
Rustic, Pl. 36 Q51
Rutland, Ch. 16 H36
Ryan, Av. 26 O45-46
Ryan, Rue (DDO) 14 E42
Ryan, Rue (SLR) 27 L52
Ryde, Rue 48 X54

Sabatier, Rue 39 R67
Sabin, Av. 36 R49
Sables, Rue des 30 N63
Sabourin, Rue 18 K46
Sabrevois, Rue 29 L60

Sackville, Rue . . . . . .21 K59 29 L-M...
Sacré-Coeur, Av. du . . . . . . .28 L5...
Sacré-Coeur, Terr. . . . . . . .14 C38-5...
Saddlewood, Av. . . . . .17 K...
Sagamo, Terr. . . . . .38 P...
Sagard, Rue . . . . .29 O58 38 P5...
Sagittaire, Rue de la . . . . . .48 Y5...
Saguenay, Rue . . . . .29 L-M6...
Saguenay, Rue de . . . . .41 W4...
St-Alexandre, Rue . .6 J-K13 43 U-V5...
St-Alexis, Rue . . . . .6 L1...
St-Alfred, Rue . . . . .28 O5...
St-Alphonse, Rue . . . . .42 V5...
St-Amable, Rue . . . . .6 L1...
St-Ambroise, Rue . . . .
. . . . .5 L7 42 V52 43 W53-5...
St-Amour, Rue . . . . .26 M4...
St-André, Rue . . . . .6 G-K16 28 O5...
. . . . . . .37 P-S57 38 S58 44 T-V5...
St-Andrew, Av. . . . . .16 G33-3...
St-Andrews, Rue . . . . . . .12 E29-3...
St-Antoine, Rue (LCH)
. . . . .35 R44 S45 41 T4...
St-Antoine, Rue (SAB) . . . .12 D2...
St-Antoine, Rue (SGV) . . . .14 C39-4...
St-Antoine E., Rue . . . .
. . . . .6 K14-15 43 V57 44 V58...
St-Antoine O., Rue . . . .
. . . . . . .5 J7 K9-12 6 K13 43 V53-54...
St-Arsène, Rue . . . . .28 N56-57...
St-Aubin, Rue . . . . . .27 M-N51 O50-51...
St-Augustin, Rue (MTL) . . .43 V-W53...
St-Augustin, Rue (PAT) . . . .32 O74...
St-Barnabas, Rue . . . . .15 E43...
St-Castin, Av. de . . . . .20 J-K53...
St-Charles, Av. (DVL) . . .34 P42 35 P43...
St-Charles, Av. (MTL) . .20 K56 28 L56...
St-Charles, Boul.
. . . . .13 E-F37 14 D38 16 G-H37 H36...
St-Charles, Rue (IBZ) . .11 B39 14 C39...
St-Charles, Rue (MTL) . . . .43 W54...
St-Charles, Rue (SAB) . . . .12 C-D28...
St-Charles, Rue (SLR) . . .19 K49-50...
St-Christophe, Rue . . . .
. . . . .6 G-J16 K16 44 T-U58 V58...
St-Clare, Ch. . . . . . . .36 P52 37 Q53...
St-Claude, Rue . . . . . .6 K-L15 43 V57...
St-Clément, Rue . . . . .39 S63 45 T63...
St-Cloud, Av. . . . . .40 Q70...
St-Columban, Rue . . . . .43 W55...
St-Cuthbert, Rue . . . . .43 T57...
St-Cyr, Av. . . . . .40 P-Q71...
St-Cyr, Rue . . . . .27 L51...
St-Cyril, Av. . . . . .37 O55...
St-Denis, Rue (MTL) . . . . .6 G-K15...
. . . .28 L55-56 L-O56 O57 37 P-S57 43 T-V57...
St-Denis, Rue (PFD) . . .13 D37 14 D38...
St-Denis, Terr. . . . . . . .6 H15 43 U57...
St-Dizier, Rue . . . . . . .6 L14 43 V57...
St-Dominique, Rue . . . .
. .6 G-J14 28 O56 37 P56 Q-S57 43 T-U57...
St-Donat, Av. . . . . .39 P66...
St-Donat, Pl. . . . . .39 P66-67...
St-Donat, Rue . . . . .39 Q-R67...
Ste-Agnes, Rue . . . . .43 W55...
Ste-Anne, Av. . . . . .16 K36-37...
Ste-Anne, Rue (MTL) . . . . .40 Q72...
Ste-Anne, Rue (PFD) . . . . .14 D-E38...
Ste-Anne, Rue (SAB) . .12 C28-29 E29...
Ste-Anne, Rue (SGV) . . . .14 D38-39...
Ste-Anne-de-Bellevue, Boul. de . . . .
. . . . .42 U48-49...
Ste-Catherine, Rue . . . .
. . . . . .5 J8-10 31 O72 40 P70-71...
Ste-Catherine E., Rue . . . .
6 J14-18 43 U57 44 T62 T-U61 U58 45 T63...
Ste-Catherine O., Rue . . . .
. . . . .5 H-J7 J12 6 J13 43 U53-54...
Ste-Cécile, Rue . . . . . . .5 K12 43 V56...
Ste-Claire, Av. . . . . .16 K37...
Ste-Claire, Rue . . . . . . .39 Q67 Q-R66...

Ste-Clotilde, Rue 42 V52
Ste-Colette, Boul. 21 J-K62
Ste-Croix, Av. 27 M-O52
Ste-Croix, Pl. 27 M52
Ste-Croix, Rue 14 D39
Ste-Cunégonde, Rue . . .5 L7-8 43 W54
St-Edward, Rue 6 J13 43 U56
Ste-Élisabeth, Rue (MTL) . . . .
. . . . .6 J-K15 43 U-V57
Ste-Élisabeth, Rue (SAB) . .12 D28-29
Ste-Émilie, Rue . . . .
. . . . .5 L7 42 V-W52 43 V53-54
Ste-Famille, Pl. 6 H13-14 43 U57
Ste-Famille, Rue (IBZ) 11 Y-Z40
Ste-Famille, Rue (MTL) . . . .
. . . . .6 G-H13 43 T-U57
Ste-Gertrude, Boul. . . .21 J-K62 K61-62
Ste-Hélène, Rue 6 L13
Ste-Julie, Rue (MTE) 40 Q71
Ste-Julie, Rue (MTL) 40 Q-R69
St-Élie, Rue 28 O57
St-Éloi, Rue 6 L13 43 V57
Ste-Lucie, Rue 29 M59
Ste-Madeleine, Rue 48 X55
Ste-Marguerite, Rue (MTL) .43 V-V53
Ste-Marguerite, Rue (PFD) . . .10 B35
Ste-Maria-Goretti, Rue 32 M77
Ste-Maria-Goretti, Terr. 32 M77 33 M78
Ste-Marie, Av. (DVL) 34 P42 35 P43
Ste-Marie, Av. (MTE) 40 Q71
Ste-Marie, Ch. . . . .
. . .12 D31-32 13 E34 F36 16 G37 17 G38
Ste-Marie, Mtée 17 G38
Ste-Marie, Rue (IBZ) . . .11 B39 14 C39
Ste-Marie, Rue (LCH) 41 T45
Ste-Marie, Rue (MTL) 42 V52
St-Émile, Rue 39 O66-67
Ste-Odile, Rue 19 K52
Ste-Philomène, Rue 43 V53
Ste-Rose, Rue 6 J17 44 U58-59
Ste-Suzanne, Rue 18 H46
Ste-Thérèse, Rue 6 L14
St-Étienne, Rue 12 D28-29
St-Évariste, Rue 19 K52
St-Exupéry, Av. de 27 L50-51
St-Exupéry, Rue de 23 K72
St-Félix, Rue 5 K11 43 V55
St-Ferdinand, Rue 43 V-W53
St-Firmin, Rue de . . .21 K58 29 L-M58
St-François, Ch. (DVL) 18 J43
St-François, Ch. (SLR) .26 L44-45 M47
St-François-d'Assise, Rue . . .21 K58
St-François-Xavier, Rue (MTL) . . . . .
. . . . .6 K-L13 43 V57
St-François-Xavier, Rue (SAB) . . . . . .
. . . . .12 C-D28
St-François-Xavier, Rue (SLR) 27 N52
St-Gabriel, Rue (MTL) .6 K-L14 43 V57
St-Gabriel, Rue (PFD) 18 H46
St-George, Pl. 42 U52
St-Georges, Pl. 40 P73
St-Georges, Rue (LCH) 35 S46
St-Georges, Rue (MTL) 40 P73
St-Georges, Rue (SAB) . . .12 D28-29
St-Georges, Rue (SGV) 14 D40
St-Gérard, Rue 28 O57
St-Germain, Av. 37 R54-55
St-Germain, Boul. 19 K52
St-Germain, Pl. 19 J52
St-Germain, Rue (MTL) 44 T60-61
St-Germain, Rue (SLR) . . . .
. . . . .27 L-M52 N51-52
St-Grégoire, Rue 37 R57 38 R58
St-Henri, Pl. 43 V53
St-Henri, Rue 5 L12 6 L13 43 V56
St-Hubert, Rue 6 G16 J-K15 43 V56
. .28 L56 M-O57 37 P-S57 43 T57 44 T-U58
St-Hyacinthe, Rue (SAB) 12 D28
St-Hyacinthe, Rue (SGV) 14 D40
St-Ignatius, Av. 36 S48 42 T49
St-Jacques, Av. 22 J64

St-Jacques, Rue (LCH) 41 U47
St-Jacques, Rue (MTL) . . . .
. . . . .5 K7 K9-12 6 K13
. . .42 U48-49 U-V51 V51-52 43 V53-57
St-Jacques, Rue (SAB) 12 D28
St-James Pk. 16 J36
St-Jean, Boul. . . . .
. . .14 D-E41 E-F40 17 H39-40 J39 J-K38
St-Jean, Rue (MTL) 6 K-L13
St-Jean, Rue (SAB) 12 D28
St-Jean-Baptiste, Av. 16 K36-37
St-Jean-Baptiste, Boul. . . . .
. . .23 K72 31 L71 L72 O71-72 40 P72
St-Jean-Baptiste, Rue (MTL) . . . .
. . . . .6 K-L14 43 V57
St-Jean-Baptiste, Rue (SAB) .12 D28
St-Jean-Baptiste, Rue (SGV) . . . .
. . . . .14 C-D38
St-Jean-Baptiste, Terr. 31 O71
St-Joachim, Av. 16 K36-37
St-Joachim, Rue 12 C-D28
St-Joseph, Boul. (LCH) . . . .
. . . . .35 Q-R43 S44 41 T44 T45
St-Joseph, Rue (IBZ) 14 C39
St-Joseph, Rue (MTL) 40 Q72
St-Joseph, Rue (SAB) 12 D28-29
St-Joseph, Rue (SGV) 14 C-D39
St-Joseph E., Boul. .38 R59-61 S58-59
St-Joseph O., Boul. 37 S56-57
St-Julien, Av. 21 J61 K60-61
St-Just, Av. 37 R55
St-Just, Rue de 39 R-S66
St-Kevin, Av. 36 R-S52
St-Laurent, Boul. 6 G-L14 28 L55 M-O56
. . . . .37 P-Q56 S57 43 T-V57
St-Lawrence, Ch. 16 G33-34
St-Léon, Av. 25 L41
St-Léon, Rue de 14 D41
St-Léonard, All. 29 N61
St-Louis, Av. (BCF) 16 G33-34
St-Louis, Av. (DVL) 35 L-M42 M-N41
St-Louis, Av. (PCL) . .17 J39-40 K41-42
St-Louis, Pl. 27 O50
St-Louis, Rue (IBZ) 11 B39 14 C39
St-Louis, Rue (LCH) 41 T44-45
St-Louis, Rue (MTL) . . . .
. . . . .6 K15 43 V57 44 V58
St-Louis, Rue (PFD) 15 C43-44
St-Louis, Rue (SGV) 14 C39
St-Louis, Rue (SLR) . .27 N-O49 O50-51
St-Louis, Sq 6 G15 43 T57
St-Malo E., Rue 11 B41
St-Malo O., Rue 11 B41
St-Marc, Rue 5 H-J9 43 U-V55
St-Martin, Rue (MTL) 5 K9 L9 43 V-W55
St-Martin, Rue (SGV) 14 C39
St-Mathieu, Rue 5 H-J10 43 U-V55
St-Maurice, Rue (IBZ) 14 C40
St-Maurice, Rue (MTL) . . . .
. . . . .5 L12 6 L13 43 V56
St-Michel, Boul. . . . .
. . . . . . .21 K59 29 L-N59 38 P-R60
St-Nicolas, Rue 6 L13
St-Norbert, Rue 6 H14 43 U57
St-Patrick, Rue 5 L7 41 U46-47
. . . . .42 V49-51 W52 43 W53-55
St-Paul, Rue (MTL) . . .5 L11-12 43 V56
St-Paul, Rue (SAB) 12 D28
St-Paul, Rue (SGV) 14 D38
St-Paul E., Rue .6 L14-15 43 V57 44 V58
St-Paul O., Rue 6 L13 43 V56-57
St-Philippe, Rue (MTL) 43 V-W53
St-Philippe, Rue (SLR) . . .27 O51-52
St-Pierre, Av. 41 U47
St-Pierre, Rue (IBZ) 14 C40
St-Pierre, Rue (MTL) 6 K-L13 43 V56-57
St-Pierre, Rue (PFD) 14 D40
St-Pierre, Rue (SAB) 12 D28
St-Raphaël, Rue 11 Z39
St-Réal, Rue de . .20 J-K53 K54 28 L54

St-Régis, Rue 18 H43-44
St-Rémi, Ch. 17 K42 18 J43
St-Rémi, Rue 42 V52
St-Roch, Rue (IBZ) 11 Z40
St-Roch, Rue (MTL) 37 P55-56
St-Roch, Terr. 37 P56
St-Sacrément, Rue du 6 L13
St-Simon, Rue 28 N55
St-Sulpice, Ch. 5 G8 43 U54
St-Sulpice, Rue 6 L14 43 V57
St-Thomas, Rue (MTL) . . . .
. . . . .5 L10-11 43 V-W55
St-Thomas, Rue (SAB) 12 D28
St-Timothée, Rue 6 H-K16 44 T-U58
St-Tropez, Rue de 13 F35
St-Urbain, Rue 6 G-K14 28 L-N55 N-O56
. . . . .37 P-Q56 S57 43 T-V57
St-Vallier, Rue de 37 P-O57
St-Viateur, Av. 37 R55-56
St-Viateur E., Rue 37 R57
St-Viateur O., Rue 37 R56
St-Victor, Rue 40 R68-69
St-Vincent, Rue 6 K-L14 43 V57
St-Vital, Boul. 21 J-K60 29 L60
St-Yves, Rue 14 D39
St-Zotique, Imp 30 O65 39 P65
St-Zotique, Pl. 39 P63-64
St-Zotique, Rue (ANJ) 30 O65
St-Zotique E., Rue 30 O65 37 Q57
. . . . .38 P59-62 Q58 39 P63-64 P65
St-Zotique O., Rue 37 Q56
Salaberry, Boul. de . . . .
. . .14 F38-41 17 G41-42 18 G43 44 U57
Salaberry, Rue de 19 K51-52 20 K53-54
Salem, Rue 16 H37 17 H38
Salette, Rue de la 30 N-O63
Salisbury, Av. 18 H37 J38
Salk, Av. 21 J-K62 29 L62
Salky, Rue du 13 C35
Salley, Rue 41 W46
Salomon-Marion, Av. 22 J66
Salvaye, Rue 29 L-M62
Sam-Borenstein, Pl. 27 L48
Samson, Rue 27 M50
Samuel-Morse, Av. 22 K67 23 K68
Sandra, Rue 15 E43
Sandringham, Rue 14 F42 15 F43
Sangria, Rue de la 13 F37 14 F38
Sanguinet, Rue 6 H-K15 43 U57
San-Remo, Rue de 29 N-O62
Sansregret, Rue 44 T61
Sapins, Av. des 39 Q63
Saraguay E., Rue 15 E-F45
Saraguay O., Rue 15 E-F45
Sarah-Fisher, Rue 32 M77
Saranac, Rue 36 S51-52
Saratoga Dr. 14 E38
Sartelon, Rue 19 J48 K48-49
Sarto-Fournier, Rue 45 T63
Satim, Carré 27 N49-50
Satim, Rue 27 N50
Saturn, Rue 18 H44-45
Saules, Av. des 39 Q63
Saules, Rue des 31 O72 40 P72
Saulnier, Rue 11 B41
Saumur, Rue 39 P65-66
Sauriol, All. 28 M55
Sauriol, Rue 15 C43
Sauriol E., Rue . . .28 L56-57 29 L58-59
Sauriol O., Rue 28 M55
Sauternes, Rue 13 F37 14 F38
Sauvé, All. 28 M55
Sauvé, Rue (DDO) 15 E43
Sauvé, Rue (IBZ) 11 Z40
Sauvé E., Rue . . .28 M56-57 29 L58-59
Sauvé O., Rue 28 M54-55
Sauvignon, Rue du 14 F38
Savane, Pl. de la 36 P-Q51
Savane, Rue de la 36 P51-52 Q52
Savard, Av. 21 J61
Savard, Rue 19 K50

Savignac, Rue 6 J15 **43** U57
Savoie, Av. 6 H15
Savoie, Rue de 15 D44
Savoyane, Rue de la 48 Y54
Sax, Rue 36 P51
Scarboro, Ch. 37 P54
Scène, Passage de la 19 K48
Schubert, Rue 14 F42
Schwartz, Pl. 14 F38
Schweitzer, Ch. 36 R48-49
Sciences, Boul. des 30 N67
Scott, Rue (PFD) 15 D43
Scott, Rue (SLR) 27 O50
Seaforth, Av. 5 H9 **43** U54-55
Sébastopol, Rue de 48 X55
Secant, Rue 30 M66
Sedgefield, Av. 17 H38-39
Séguin, Pl. 21 K58
Séguin, Rue 21 K58
Ségur, Rue de 29 L-M62
Seigne, Rue de 30 M63
Seigneurs, Rue des . .5 K-L9 **43** V-W55
Seigniory, Av. 17 H38-39
Seine, Av. de la 39 P66
Selby, Rue 5 J7 **43** V53-54
Selkirk, Av. (MTL) 5 H10 **43** U55
Selkirk, Av. (PCL) 17 G40
Selwood, Ch. 28 O55 **37** P55
Semenchuk, Pl. 13 E35
Sémillard, Rue 29 M62
Séminaire, Rue du 5 L11 **43** W55
Senay, Rue 15 D-E43
Seneca, Ch. 28 O54
Sénécal, Av. 47 Y49
Sénécal, Rue 11 B40 14 C40
Senkus, Rue 42 V48
Senneterre, Rue 39 O64
Senneville, Ch. . . .9 A30-31 B29 **12** C29
Senneville, Rue 39 O64
Sentennes, Av. 39 P67
Seré, Rue 27 N48
Serge, Rue 41 W47 **42** W48
Serge-Deyglun, Rue 32 M75
Serre, Rue 41 W47
Serres, Rue de 19 J51
Serres, Terr. de 19 J51
Service N., Voie de (DVL, PCL, KRK)
. . .13 F35-36 **17** G38-39 H41-42 18 J44-45
Service N., Voie de (SAB) . .12 D31-32
Service S., Voie de (BDU)
. . . . .12 E32 13 E33
Service S., Voie de (DVL, PCL, KRK)
. . . .13 F35-36 17 G38 H41-42 18 J44-45
Seuilly, Pl. 30 N-O66
Sève, Rue de 47 X51
Severn, Av. 5 G7 **43** U53-54
Sévigny, Av. 35 P43
Séville, Rue 18 H44-45
Séville, Rue de 21 J62
Sewell, Rue 6 G14 **43** T57
Seymour, Av. 5 J9 **43** U-V54
Shakespeare, Rue 14 E39-40
Shalom, Av. 36 Q-R48
Shamrock, Av. 37 P56-57
Shamrock, Ch. 13 F35 16 G35
Shana, Rue 18 G44
Shannon, Rue (KRK) 13 F37
Shannon, Rue (MTL) . .5 L11 **43** V-W56
Shannon Park 16 G35
Shaughnessy, Boul. . .29 O60 **38** P60
Shaw, Rue (BDU) 12 E31
Shaw, Rue (PFD) 14 D40
Shearer, Rue 43 W55
Shediac, Cr. de 13 F36
Sheinfeld, Rue 13 D35-36
Shelborne, Rue 14 E42
Shelley, Av. 29 O59-60 **38** P60
Sheppard, Rue 44 T59
Sheraton, Prom. 35 S47
Sherbrooke, Rue (BCF)
. . . . .13 F35 16 G35 G-H36

Sherbrooke, Rue (LCH)
. . . . .35 Q-R44 R45 S45-46
Sherbrooke E., Rue (MTE, MTL)
. . . .6 G16-17 H14-15 31 O71-72 **32** M77
38 R62 39 Q65-67 40 P69-70 Q68 44 T58
Sherbrooke O., Rue (MTL, WMT)
. . . . .5 H8-12 6 H13-14
. . . . . . .42 T49-50 U50 U52 43 U53-55
Sheridan, Ch. 28 O54
Sherwood, Av. 17 J38
Sherwood, Ch. 13 F34-35
Sherwood, Cr. 37 P53
Sherwood, Rue 15 C-D43
Shevchenko, Boul. . .41 V-W47 46 X47
Shipton Park, Av. de 17 J38
Shirley, Rue 41 V47 **42** V48
Shore, Ch. 16 H34-35
Shorncliffe, Av. 43 T53
Shumack, Rue 14 C42
Sicard, Rue 38 S62 44 T62 45 T63
Sicile, Rue de la 29 M61
Sidney-Cunningham, Rue . . .13 F34
Sigma, Rue 14 D39-40
Sigouin, Rue 27 M50
Sillery, Rue 38 P61
Silverbirch, Rue 15 E-F43
Silverpine, Rue 13 E34
Silverson, Av. 36 R-S49
Simard, Rue (MTL) 38 S58
Simard, Rue (PFD) 14 D40
Simcoe, Av. 37 P54-55
Simon, Carré 27 N49
Simon, Rue 21 K60
Simon-Després, Pl. 23 J68-69
Simone, Rue 14 C42
Simone-Dénéchaud, Rue . . .22 J65
Simonet, Cr. 11 B41
Simonne, Rue 46 Y47 47 Y48
Simon-Saladin, Av. 23 J-K69
Simpson, Av. 34 P41
Simpson, Rue 5 G-H10 **43** U55
Sims, Pl. 25 O42
Sir-Georges-Étienne-Cartier, Sq
. . . . .42 V52 43 V53
Sir-Georges-Simpson, Rue .35 P-Q44
Sir-Walter-Scott, Av. 36 Q-R49
Sittelles, Rue des 48 Y53
Skye, Av. 14 E41
Sloane, Av. 28 O54-55
Small, Ch. 36 S48
Small, Rue 27 O49-50
Smart, Av. 35 R-S47
Smiley, Pl. 13 F35
Smith, Rue (LSL) 41 V46
Smith, Rue (MTL) 43 W56
Snair, Rue 13 E35
Snowdon, Rue 36 S51
Snyder, Rue 13 D36
Soeurs-Grises, Rue des
. . . . .6 L13 **43** V-W56
Soissons, Av. de 37 R53-54
Soleil, Pl. du 48 Z54
Solidarnosc, Rue 29 M61
Somerled, Av. 42 T49-51
Somerset, Ch. 19 J50-51
Somerset, Cir. 12 E30
Somerset, Rue (BDU) . . .12 E29-30
Somerset, Rue (SLR) 19 K50
Somervale Gdns., Av. de . .17 H-J39
Somerville, Av. 42 U52
Sommerville, Rue 20 K55
Sommerhill, Av. 14 E42
Sommerset, Rue 14 E-F39
Sommets, Av. des 47 Z52
Sonata, Rue 18 H44
Sophie-De-Grouchy, Rue .23 K71-72
Sorbiers, Av. des 38 Q62
Sorbiers, Rue des 31 O72
Sorbonne, Rue de la 27 L51
Sorel, Rue de 36 P51

Souart, Rue 37 R62
Soubirous, Rue 38 P67
Soulanges, Rue 43 W63
Souligny, Av. . .39 R65-67 S64 **40** Q-R67
Soupras, Rue 14 C40
Source, Av. de la 30 M68
Sources, Boul. des . . .15 D-E44 F41
. . .17 J42 K42 18 G43 J43 25 L-M41 M47
South Ridge, Rue 11 A32
Southgate, Rue 16 H30
Souvenir, Pl. du 14 C42
Souvenir, Rue 5 J8-9 **43** V54
Spalding, Av. 30 O66 39 P67
Spalding, Pl. 30 O68
Spartan, Av. de 17 J42
Sphinx, Rue du 13 E37
Spring, Ch. 36 R49
Spring Garden, Rue . .18 G44-45 H45
Springdale, Av. 17 J38-39
Springdale, Rue 18 G-H44
Springfield, Av. 43 U58
Springgrove, Av. 37 R-S53
Springland, Rue (DDO) 18 H44
Springland, Rue (MTL)
. . . . .42 W50 W51 47 X52
Spruce, Cr. 16 G36
Square Gallery, Rue du .43 W55-56
Square Victoria, Rue du .6 K13 **43** V56
Square-Sainte-Élisabeth, Rue du
. . . . .42 V52
Stafford, Rue 12 E30
Stanislas, Rue 27 L51
Stanley, Av. 41 T46-47
Stanley, Rue 5 H-K11 **43** U55
Stanley-Weir, Rue 36 S52
Stannock, Av. 37 P55
Stanstead, Av. 36 P52 37 P53
Stanstead, Cr. 36 P52 37 P53
Stanton, Rue 5 G7 **43** U53
Starling, Av. 25 L-M41
Starnes, Rue 42 T49-50
Station, Ch. de la . . .5 K7 **43** V53
Station, Rue de la (PFD) . . .18 H46
Station, Rue de la (SLR) . . .26 O47
Stayner, Rue 5 J7-8 **43** V54
Steinberg, Rue 27 L48
Stéphanie, Rue 14 E41
Stephen-Leacock, Av. 36 Q49
Stephens, Rue 47 X-Y50
Stephenson, Rue 14 E-F42
Stephen-Walsh, Rue 13 F33
Stevens, Rue 27 N50
Stewart, Av. 17 K38 25 L38
Stewart, Carré 27 N49
Stewart, Rue 27 M51
Steyning, Av. 5 G10 **43** U55
Stillview, Av. 17 G-H38
Stinson, Rue (LSL) 41 V45
Stinson, Rue (SLR) 28 N-O53
Stirling, Av. (LSL) 41 U45
Stirling, Av. (MTL) 37 R54
Stockwell, Av. 17 J41
Stonecrest, Rue 18 H44
Stonehenge Dr. 16 H35
Stoneman, Rue 13 F37
Stormont, Rue 16 G37
Strasbourg, Rue 17 G40-41
Stratford, Ch. 36 R-S50
Strathcona, Av. (PCL) 17 J41
Strathcona, Av. (WMT) 43 U53
Strathcona, Ch. .27 O52 28 O53 37 P53
Strathearn, Av. 42 T48
Strathmore, Boul. 25 L-M41
Strathmore, Rue 48 X53
Strathyre, Av. 41 U45
Stream, Av. 25 M41
Struan, Rue 21 K58
Stuart, Av. 28 O55 37 P55 Q-R55
Stuart-Graham, Boul. . . .25 M-N42
Stuart-Graham N., Boul.
. . . . .25 M42 26 M43

...art-Graham S., Boul. ...25 M42
...blaines, Rue ...39 P67
...garbush, Rue ...14 E38
...ky, Rue du ...13 C35
...llivan, Rue ...43 W55
...tte, Rue ...30 N63
...mac, Rue ...16 G36
...mmerhill, Av. (MTL) ...5 H10 43 U55
...mmerhill, Av. (PCL) ...17 K41
...mmerhill, Rue de ...16 G36
...mmerhill, Terr. ...5 H10
...mmerlea, Rue de ...35 Q44
...mmit, Ch. ...43 T53
...mmit Cir. ...43 T53
...mmit Cr. ...37 S53 43 T53
...nbury, Rue ...14 D-E42
...ndale, Av. ...17 J38-39
...nderland, Av. ...17 H-J40
...nny Acres, Rue ...12 E-F31
...nnybrooke, Av. ...36 S48
...nnybrooke, Boul. ...18 G-H45
...nnydale, Rue ...18 G43-44
...nnyhurst, Av. ...35 S47
...nnyside, Av. (PCL) ...17 J-K40 K39
...nnyside, Av. (WMT) ...42 T52 43 T53
...nnyside, Rue ...14 E42 15 E43
...nnyview, Av. ...17 K38-39
...nrise, Av. de ...17 G39-40
...nrise, Ch. ...36 R48
...nset, Av. ...9 B28-29
...nset, Ch. ...28 O53 37 P53
...nset, Rue ...14 E39
...nshine, Rue ...18 G43-45
...rrey, Av. ...25 M42
...rrey, Ch. ...17 H38
...rrey, Cr. ...28 O54
...rrey, Prom. ...28 O53-54
...rrey, Rue (BDU) ...12 E30-32 F32
...rrey, Rue (DDO) ...18 H44
...rrey Gdns. ...37 S53 43 T53
...ssex, Rue (DDO) ...14 E41
...ssex, Rue (MTL) ...5 J9 43 U-V54
...ssex Dr. ...16 H35
...tton, Cr. ...13 E36
...tton, Pl. ...16 H36
...zanne-Giroux, Rue ...22 K66
...zor-Côté, Rue ...20 K53 28 L53
...wail, Av. ...37 S53
...wallow, Av. ...25 M40-41
...wallow, Rue ...14 E40
...weetbriar Dr. ...16 J36
...wiss, Rlle ...37 R57
...ycamore, Rue ...16 G-H36
...ydenham, Av. ...43 T53
...ylvain, Rue ...10 B35
...ylvain-Garneau, Rue ...23 K70
...ylvestre, Rue ...46 X47
...ylvia-Smith, Rue ...42 U50

Taché, Pl. ...28 L57
Taché, Rue ...20 K57 28 L57
Taillefer, Rue ...15 D43
Taillon, Rue ...39 P-Q67 40 Q-R68
Tait, Rue ...27 N-O51
Talbot, Pl. ...18 G46
Talcy, Av. ...30 O66
Tamarack, Rue ...16 H36
Tampico, Av. ...17 K38
Tanglewood, Rue de ...13 D34
Tanguay, Rue ...28 L54 L-M55
Tansley, Rue ...6 J18 44 U59
Tara Hall, Rue ...6 H14 43 U57
Tardif, Rue (LSL) ...41 W46
Tardif, Rue (MTN) ...22 K64
Tardivel, Rue ...28 L53
Tarragone, Rue de ...13 F36 16 G36
Tassé, Rue ...27 M51-52 28 M53
Taylor, Boul. ...20 J-K53
Taywood Dr. ...16 G36-37
Teck, Rue de ...39 Q66-67 40 Q68

Tecumseh, Av. ...17 G-H41
Tecumseh, Rue ...14 E-F42
Tees, Rue ...27 M48
Tellier, Rue ...39 R66-67 S66
Terbois, Rue ...29 O62
Terra Cotta, Av. ...17 J-K39
Terra-Nova, Rue de ...16 G36
Terrapin, Rue ...14 C42
Terrebonne, Rue de ...42 T48-51
Terry-Fox, Pl. ...16 G37
Terry-Fox, Rue (KRK) ...16 G37
Terry-Fox, Rue (VRD) ...48 Z54
Tessier, Rue (IBZ) ...14 C41
Tessier, Rue (PFD) ...14 D39
Tétrault, Rue (LSL) ...41 W47 42 W48
Tétrault, Rue (SLR) ...19 J49
Thackeray, Rue (BCF) ...16 G36-37
Thackeray, Rue (MTL) ...38 P62
Thames, Av. ...30 O66
Théberge, Rue ...27 O51-52
Thelma, Rue ...46 Y47 47 Y48
Théodore, Rue ...38 S62 45 T63
Théorêt, Av. ...11 Y-Z39
Théorêt, Rue (KRK) ...13 E35
Théorêt, Rue (SGV) ...14 C-D40
Théorêt, Rue (SLR) ...27 O52
Thérèse-Casgrain, Av. ...30 M-N65
Thérèse-Giroux, Rue ...32 M75
Thérien, Rue ...42 V52 43 V53
Thessereault, Rue ...35 R45
Thévenin, Rue ...30 M-N63
Thibaudeau, Cr. ...11 A-B40
Thibaudeau, Rue ...11 B40
Thibault, Rlle ...44 T61
Thibert, Rue ...42 W48
Thibodeau, Rue ...39 P67
Thierry, Rue (LSL) ...
...41 V-W47 W47 42 W48 47 X48
Thierry, Rue (SLN) ...30 N63
Thimens, Boul. ...
...18 J47 19 K48 27 L48 M48 M50
Thistle, Rue ...14 E38
Thivierge, Rue ...13 D36-37
Thomas-Aubert, Av. ...19 J50
Thomas-Baillargé, Rue ...13 E37
Thomas-Boily, Rue ...31 O72 32 O73
Thomas-Chapais, Av. ...21 K62
Thomas-Paine, Rue ...31 L71
Thomas-Valin, Rue ...44 T60
Thomas-Valin, Terr. ...44 T60
Thompson, Boul. ...28 M53
Thompson Point ...16 G-H33
Thorburn, Rue ...13 D35-36
Thorncliffe, Rue ...15 F43
Thorncrest, Av. ...25 M42 N41
Thorncrest, Cir. ...25 N41
Thorndale, Rue ...14 E39
Thornhill, Av. ...5 G7 43 U53
Thornhill, Rue ...17 G41-42
Thornton, Av. ...37 P54
Thornton, Rue ...18 H43
Thrush, Av. ...25 M40-41
Thurlow, Rue ...36 S50
Tiffin, Rue ...39 P67
Tillemont, Rue ...29 O58-59
Tilleuls, All. des ...39 Q63-64
Tilleuls, Av. des ...38 Q62 39 Q63
Tilleuls, Rue des ...31 O72
Tilly, Rue ...15 D43-44
Tilly, Rue de ...37 Q54
Timberlea Tr. ...13 D34-35
Tittley, Rue ...41 W46
Tobago, Rue ...14 F41
Todd, Rue ...27 M49
Tolhurst, Rue ...20 K55 28 L-N55
Tomassini, Rue ...11 Y-Z39
Tommy-Douglas, Rue ...36 Q50-51
Tonty, Pl. de ...11 B39-40
Tonty, Rue de (IBZ) ...11 B39-40
Tonty, Rue de (MTL) ...38 Q62
Torrance, Rue ...5 K11 43 V55

Torrence, Av. ...25 L-M42
Touchette, Av. ...21 K59
Toulon, Rue de ...29 L62
Toulouse, Rue de (MTL) ...39 S64
Toulouse, Rue de (PFD) ...15 D43
Toupin, Boul. (MTL) ...19 J50
Toupin, Boul. (SLR) ...19 J-K49 27 L49
Tour, Ch. de la ...37 S53
Touraine, Pl. ...18 G-H44
Touraine, Rue de ...39 P64
Tour-de-l'Isle, Ch. du ...44 V-W59
Tourelles, Av. ...30 M-N65
Tourterelles, Rue des ...48 Z53
Tourville, Rue ...43 V53
Toussaint-Louverture, Rue ...31 L70-71
Touzin, Av. ...25 M41
Tower, Ch. ...25 O41 34 P41
Tower, Rue ...16 G34
Towers, Rue ...5 J9 43 U54-55
Townsend, Rue ...42 T48
Tracy, Rue ...15 D43
Tracy, Rue de ...19 K51-52
Trafalgar, Av. de ...43 T54
Trafalgar, Ch. ...43 T54
Trafalgar, Pl. ...43 T54
Trafalgar-Heights, Ch. de ...43 T54
Traîneau, Rue du ...13 C35
Transcanadienne, Pl. ...18 J43
Transcanadienne, Rte ...
...12 D31-32 13 F35-36
...17 G38 H42 18 J44-45 27 N48-49
Trans-Island, Av. ...36 R-S51
Trefflé-Berthiaume, Rue ...32 L73
Tremayne, Rue ...18 G44
Tremblay, Av. ...41 W45
Tremblay, Rlle ...38 S62
Tremblay, Rue ...12 C32
Tremblay, Terr. ...15 E44
Trémolières, Av. ...30 O65-66
Trémont, Av. ...35 P43
Trenholme, Av. ...36 S48 42 T-U48
Trent, Av. ...36 S48
Trenton, Av. ...37 P55 Q54
Trenton, Rue ...14 F42
Trépanier, Rue (IBZ) ...11 B41 14 C41
Trépanier, Rue (PFD) ...13 C36
Trépanier, Rue (SLR) ...19 J50
Trésor-Caché, Av. du ...41 V45
Trianon, Av. ...15 E43
Trianon, Rue du ...39 Q65
Tricentenaire, Boul. du ...
...31 N72 32 O73 40 P73
Triest, Rue ...39 Q66
Trillium, Rue ...18 G44-45
Trinidad, Rue ...14 F41-42
Trinitaires, Boul. des ...42 V-W49 47 X50
Trinity, Av. ...36 R48
Trinity, Rue ...15 E43-44
Triolet, Rue ...11 B41
Troie, Av. ...37 S53
Trotteur, Rue du ...13 C35
Trottier, Rue ...15 E43
Troy, Rue (PFD) ...13 D-E37
Troy, Rue (VRD) ...48 X53
Trudeau, Rue (LSL) ...41 V46
Trudeau, Rue (SLR) ...27 O52
Truman, Rue ...47 X49
Tudor, Av. ...25 L41
Tulip, Av. ...26 O43 35 P43
Tulipes, Rue des ...22 J-K63
Tunstall, Av. ...12 C29
Tupper, Rue ...5 J8-9 43 U-V54
Turcot, Av. ...25 M-N41
Turcot, Pl. ...42 V50-51
Turcot, Rue ...42 V52
Turenne, Rue ...39 Q63-64
Turgeon, Rue ...43 V-W53
Turley, Rue ...41 W47
Turpin, Rue ...13 D36
Tyme, Ch. ...36 S48

Ubald-Paquin, Av. 21 K62
Ubald-Paquin, Rue 32 073
Ukraine, Rue de l' (MTL) 38 Q60
Ukraine, Rue de l' (SLN) 29 M61
Ulric-Gravel, Rue 23 K71
Underhill, Pl. 5 G-H12 43 U56
Union, Av. 5 J12 43 U-V56
Union, Rue 41 T47
University, Rue 5 G-L12 43 T-V56
Upper Bellevue, Av. 43 T53
Upper Belmont, Av. . .36 S52 42 T52
Upper Lachine, Ch. 42 U51
Upper Lansdowne, Av. .36 S52 42 T52
Upper Roslyn, Av. 42 T52
Upper Trafalgar, Pl. 43 T54
Upper-Cambridge, Rue 12 E30
Upton, Pl. 30 N66
Upton, Rue d' 41 W46
Urfé, Rue d' 35 Q44
Urgel-Charbonneau, Rue . . .31 N71-72
Urquart, Av. 17 J-K41

Vachon, Av. 46 X46
Vachon, Terr. 46 X46
Vaillant, Av. 42 V52
Valade, Av. 22 K63
Valade, Rue de 27 050
Valcartier, Rue de 28 057
Valcourt, Rue 29 N61
Val-d'Anjou, Av. 39 P65
Val-d'Anjou, Pl. 39 P65
Val-d'Anjou, Terr. 39 P65
Valdombre, Rue 30 063
Valence, Rue 29 M61
Valentine, Rue 13 D-E37
Valérie, Rue 13 E-F37
Valéry, Rue 29 M61-62
Valiquette, Rue (SLR) 18 J-K47
Valiquette, Rue (VRD) .47 X50 Y50-51
Vallée, Rue 12 C32 13 C33
Valley, Rue 13 E37
Vallières, Rue 37 S57
Val-Marie, Rue du 30 M63
Valmont, Rue (KRK) 14 F38
Valmont, Rue (MTL) 20 K53
Valmount, Rue 18 H44
Valois (BCF) 16 G32
Valois, Av. (MTL) 38 S61 44 T61
Valois, Av. (PCL) 25 L40-41
Valois, Rue 15 D43
Val-Soleil, Av. de 16 J37
Van Horne, Av. . .36 R51-52 37 Q55 R53
Vanden-Abeele, Rue 26 L45-46
Van-Every, Rue 13 F35-36
VanGogh, Rue 14 E41
Vanguard, Av. 17 H40-41
Van-Hove, Carré 27 N49-50
Vanier, Rue (MTL) 19 J51
Vanier, Rue (SLR) 27 M52
Vannes, Rue des 30 063 39 P63
Varennes, Rue 15 C43
Varennes, Rue de 37 S57
Varin, Rue 27 M50
Varry, Rue 28 M53
Vauban, Rue 30 L65
Vaudreuil, Rue de 6 L14
Vaujours, Av. 30 066
Vendée, Rue de 22 K63
Vendéens, Av. des 39 P65-66
Vendôme, Av. de 42 T-U52
Vendôme, Rue 13 E35-36
Véniard, Rue 27 M-N50
Venise, Rue de 29 061
Venne, Rue 13 D35
Ventnor, Av. 17 K38
Verchères, Rue 15 E43
Verdelles, Pl. 30 066
Verdi, Rue (DDO) 14 F42
Verdi, Rue (LSL) 41 W47
Verdier, Rue 29 062 38 P62

Verdon, Rue 44 T60
Verdun, Rue de . .47 X52 Y51-52 48 X53
Vérité, Rue 26 L45
Verlaine, Rue 29 M62
Verlaine Ct. 13 D-E34
Vermandère, Pl. 19 K49
Vermont, Av. 17 J39
Vermont, Rue 11 Y40-41
Vernantes, Av. 30 N65
Vernantes, Pl. 30 N65
Verneuil, Av. 39 P67
Vérone, Rue de 29 N-062
Verneau, Rue 39 064
Versailles, Av. de 15 C43
Versailles, Rue (MTL) 5 K-L10 43 V-W55
Versailles, Rue (PAT) 31 072
Verville, Rue 28 L54 L-N55
Vésinet, Côte du 37 S55-56
Vésinet, Pl. du 37 S55-56
Vétérans, Av. des 40 Q71
Veuillot, Av. 22 J64
Vezeau, Av. 39 P67
Vézina, Rue (LSL) 41 U45-46
Vézina, Rue (MTL) 36 Q51-52
Vianney, Av. 21 K59 29 L-M59
Viau, Boul. 29 L-061
Viau, Rue (MTL)
. . . . .38 Q-R62 39 S63 45 T63
Viau, Rue (PFD) 14 D38
Viburnum, Av. 17 J39
Victor, Rlle 48 X53
Victor-Barbeau, Pl. 19 K48
Victor-Bourgeau, Pl. 38 S61
Victor-Cusson, Rue 23 J68
Victor-Delamarre, Pl. 32 N-073
Victor-Delamarre, Rue 32 N-073
Victor-Doré, Rue 27 L52 28 L53
Victor-Elzéar Beaupré, Rue . .32 073
Victor-Hugo, Pl. 5 K-L10 43 V55
Victoria, Av. (MTL, WMT)
. . . . .36 Q-S52 42 T-U52
Victoria, Av. (PCL) 16 K37
Victoria, Pl. 12 E30
Victoria, Rue (BDU) .12 E30-31 F31-32
Victoria, Rue (LCH)
. . . . .35 Q-S44 S45 41 T45
Victoria, Rue (MTE) 40 Q71
Victoria, Rue (MTL) 5 H12 43 U56
Victoria, Rue (PAT)
. . . . . . .32 M76-77 N-074 073 40 P72-73
Victoria, Rue (PFD) 18 G45
Victorin, Rue 29 M61
Victor-Marchand, Rue . .13 D37 14 D38
Viel, Rue 19 K52 20 K53
Viger, Rue (IBZ) 14 C39
Viger, Rue (KRK) 16 G37
Viger, Rue (MTN) 21 K61
Viger E., Av. 6 K14-17 43 V57 44 V58
Viger O., Av. 6 K13 43 V56-57
Vignal, Rue 5 H8 43 U54
Vigne, Rue de la 48 Y54
Vignes, Av. des 11 B42-43
Viking, Av. 17 H40
Viking, Rue 14 F40-41
Village, Rue du 18 G43
Villandry, Av. 30 066
Villanelle, Rue de la 30 063
Villars, Av. 39 P65-66
Villebois, Rue de 30 063
Villebon, Rue de 19 J49-50
Ville-Marie, Aut.
. . . . .5 J7-8 6 K14-15 43 V53-54
Ville-Marie, Boul. . .6 K16-18 44 V58-59
Ville-Marie, Rue de . . .39 S63 45 T63
Villeneuve, Rue 22 J63-64
Villeneuve, Terr. 17 K38
Villeneuve E., Rue 37 S57
Villeneuve O., Rue 37 S56-57
Villeray, Rue 28 057 29 058-60
Villeret, Rue 13 D36
Villiers, Rue de 42 W51

Villieu, Rue de . . . . .29 L-M . .
Villiotte, Rlle . . . . .23 J . .
Vimont, Rue . . . . .39 S63 45 T . .
Vimy, Av. de . . . . .37 Q-F . .
Vimy, Rue . . . . .19 K50 . .
Vimy, Rue de . . . . .14 D39- . .
Vincennes, Av. de . .17 K41-42 25 L . .
Vincent, Av. . . . . .41 L . .
Vincent, Rue (PFD) . . . . .13 E . .
Vincent, Rue (SLR) . . . . .27 C . .
Vincent-Blouin, Rue . . . . . . .13 F . .
Vincent-d'Indy, Av. . . . . .37 R . .
Vincent-Piette, Rue . . . . .39 R . .
Vincent-Quiblier, Av. . . . . . . .29 M . .
Vinci, Rue . . . . .18 H . .
Vinet, Av. . . . . .25 M . .
Vinet, Rue . . . . .5 K-L8 43 V . .
Viney, Rue . . . . .13 F . .
Violet, Cr. . . . . .26 O . .
Violettes, Av. des . . . . .32 K . .
Visitation, Rue de la . .6 G-J17 44 T-U . .
Vista, Av. . . . . .17 J . .
Viterbe, Rue de . . . . .29 06 . .
Vitré, Rue de . . . . .11 B4 . .
Vittel, Rue de . . . . .29 06 . .
Vivian, Av. . . . . .37 P54-5 . .
Vivier, Rue . . . . .13 D3 . .
Volta, Rue . . . . .29 M6 . .
Voltaire, Rue . . . . .23 K7 . .
Voltigeurs, Rue des . .6 K17 44 V58-5 . .
Voyageur, Av. du . . . . .17 J-K4 . .

Wagner, Rue . . . . .14 D-E4 . .
Wakefield, Ch. . . . . .16 G33-3 . .
Walbrae, Pl. . . . . .5 G12 43 U56 . .
Walker, Av. . . . . .5 K7-8 43 V5 . .
Walkley, Av. . . . . .36 S49 42 T4 . .
Wallenberg, Ch. . . . . .36 Q49 . .
Wallenberg, Rue . . . . .14 E41 . .
Walnut, Rue (BDU) . . . . .12 F32 . .
Walnut, Rue (DDO) . . . . . .18 G44 . .
Walnut, Rue (MTL) . . . . .42 V52 . .
Walpole, Av. (BCF) . . . . . .13 F34-35 . .
Walpole, Av. (TMR) . . .36 Q52 37 Q53 . .
Walton, Av. . . . . .17 J40 . .
Walworth, Rue . . . . .14 F39 . .
Walworth Dr. . . . . .14 F39 . .
Wanklyn, Av. . . . . .41 V45-46 . .
Ward, Rue . . . . .27 050 . .
Warwick, Rue . . . . .12 E30 . .
Waterloo, Ch. . . . . .36 P-Q52 . .
Water's Edge, Av. . . . . . . .17 K39-40 . .
Watford, Rue . . . . .16 J36-37 . .
Watson, Av. . . . . .16 J37 . .
Watterson, Rue . . . . .12 E-F31 . .
Wavell, Ch. . . . . .35 R-S47 36 R48 . .
Waverley, Av. . . . . .16 K37 17 J-K38 . .
Waverly, Rue .28 L-N55 N-056 37 P-R56 . .
Weizmann, Ch. . . . . .36 R49 . .
Wellington, Rue
. . . . . . .5 L12 43 W55 W56 47 X-Y52 48 X55
Wellsteed, Av. . . . . .36 S51 . .
Wentworth, Av. . . . . .35 R47 . .
Werbrouck, Rue . . . . .19 K49 . .
Weredale Pk. . . . . .5 J8 43 V54 . .
West Broadway . . . . .36 S48 42 T-U48 . .
West Hill, Av. . . . . . .36 S50 42 T-U50 . .
West-Acres, Rue . . . . .17 G41 . .
Westbank, Av. . . . . .17 H-J38 . .
Westbourne, Av. . . . . .36 R-S49 . .
Westbrooke, Ch. . . . . .36 R48 . .
Westbury, Av. de . . . . .36 R-S51 . .
Westchester, Rue . . . . .12 E30 . .
Westcliffe, Av. . . . . .17 H-J40 . .
Westcroft, Ch. . . . .13 F36 16 G35 G36 . .
Westfield, Av. . . . . .37 S . .
Westhill, Av. . . . . .13 F35 . .
Westland, Pl. . . . . .42 T-U48 . .
Westland, Prom. . . . . .42 U48 . .
Westluke, Av. . . . . .35 R-S47 . .